S I

B E L L E

Collection dirigée
par
Laure de Chantal

MÉTAMORPHOSES

D'Actéon au posthumanisme

Précédé d'un entretien
avec Christophe Honoré

Textes réunis et présentés
par
Blanche Cerquiglini

LES BELLES LETTRES

2018

© 2018, Société d'édition Les Belles Lettres
95, bd Raspail 75006 Paris

www.lesbelleslettres.com
Retrouvez Les Belles Lettres
sur Facebook et Twitter

ISBN: 978-2-251-44795-7
ISSN: 0003-181X

Pour un surnaturel poétique
ENTRETIEN
AVEC CHRISTOPHE HONORÉ

Cinéaste, metteur en scène, scénariste et romancier, Christophe Honoré a renouvelé le cinéma français des années 2000 avec des films souvent ancrés dans le Paris contemporain, mettant en scène de manière douce-amère le couple et la jeunesse, avec toujours un arrière-plan politique (*Dans Paris*, *Les Chansons d'amour*, *Non ma fille, tu n'iras pas danser*, *Les Bien-aimés*). Il a réuni autour de lui des acteurs dont il a contribué à assurer le succès : Louis Garrel, Chiara Mastroiani, Léa Seydoux, Ludivine Sagnier… Christophe Honoré puise souvent son inspiration dans la littérature : *Ma mère* de George Bataille, *La Princesse de Clèves* (dont *La Belle Personne* est une adaptation libre), *Les Caprices de Marianne* de Musset (pour le scénario du film de Louis Garrel *Les Deux Amis*), *Les Malheurs de Sophie*. Au théâtre, il a notamment mis en scène *Angelo, tyran de Padoue* de Hugo, *Les Bacchantes* d'Euripide (*Dionysos impuissant* au Festival d'Avignon), conçu un spectacle sur les auteurs du Nouveau Roman, monté *Così fan tutte* au Festival d'art lyrique d'Aix-en-Provence. En 2014 est sorti son film *Métamorphoses*, remarquable transposition d'Ovide dans la France d'aujourd'hui.

BLANCHE CERQUIGLINI. – *Le fil conducteur de votre film, à travers le personnage d'Europe, et bien d'autres personnages qu'elle rencontre en chemin, me semble être la question des âges de la vie : la transition, le passage d'un âge à l'autre. Poursuivez-vous avec* Métamorphoses *l'enquête que vous menez dans d'autres de vos films sur l'adolescence, cette période intermédiaire cruciale, où tous les choix sont possibles ?*

CHRISTOPHE HONORÉ. – Je n'envisage jamais la scénarisation des œuvres littéraires comme une illustration. Je travaille plutôt comme les metteurs en scène de théâtre en offrant, plus qu'une adaptation, une lecture de l'œuvre. Le personnage principal que j'ai retenu, Europe, est lui-même au stade de la métamorphose. L'adolescence est, dans notre vie, la période de la métamorphose : transformation physique, bien sûr, qui montre qu'on porte en soi un autre soi ; mais aussi en termes d'affranchissement. L'adolescence est ce moment où, parce qu'on a croisé quelqu'un, ou une œuvre d'art, ou un ami, on se dit soudain qu'on va devenir autre ; on sent la possibilité de se dépasser. C'est ce que je lis dans *Les Métamorphoses* d'Ovide : la possibilité d'atteindre un autre état, pas totalement distinct de ce qu'on est, mais plutôt comme une nouvelle étape de son développement. C'est pourquoi j'ai choisi Europe comme fil conducteur, bien que ce ne soit pas, dans le film comme dans le livre, un personnage central.

D'autres considérations m'ont aussi poussé à faire ce choix : j'ai réalisé ce film au moment où l'on parlait beaucoup de la dette grecque, de la fermeture de l'Europe à la Turquie, du poids des pays du Sud qui tireraient l'Europe vers le bas... Il me semblait que la construction européenne se faisait en regardant vers le Nord. Or, d'un point de vue culturel, l'Europe, et notamment la France, est liée à la Méditerranée. Je trouvais qu'il était important de rappeler à l'Europe son passé, son passé plein de dieux grecs et latins. D'où l'idée de cette jeune fille ignorante qui, en tant qu'adolescente, peut prendre des directions différentes, et qui croise des dieux gréco-latins qui viennent lui rappeler d'où elle vient.

Enfin, le fait de choisir une jeune fille maghrébine pour incarner Europe est une manière de dire à cette jeunesse-là – et à cette comédienne-là, qui n'est pas une actrice professionnelle, comme tous les acteurs du film – qu'ils appartiennent à une culture méditerranéenne qui est en fait aussi européenne et que, bien loin d'être des étrangers, ils peuvent être fiers de représenter cette culture – n'oublions pas qu'Europe est dans la mythologie une princesse turque. C'était une manière de dire à ces acteurs, recrutés dans des castings de rue, que le cinéma pouvait s'intéresser à eux.

Rappeler tout cela a été le point de départ du film : l'adolescence ; les origines méditerranéennes de l'Europe et de ses habitants.

Bl. C. : Europe n'a pas peur de suivre Jupiter ; c'est plutôt pour elle l'échappatoire à un quotidien morose : « Ta vie ne sera plus jamais comme avant. Je te kidnappe », lui dit Jupiter. « Tu me sauves », lui répond-elle. Là encore se pose la question du passage, de la transition : Europe va-t-elle accepter de suivre Jupiter dans toutes ses pérégrinations ? Va-t-elle lui faire confiance ? Sa curiosité sera-t-elle punie ou récompensée ? Les acteurs devaient eux-mêmes vous faire confiance. Ils étaient tous dans la position d'Europe : vous suivre, vous croire.

Ch. H. – Oui, et croire à nos histoires. La réalisation de ce genre de film repose sur la croyance. D'ailleurs tout film est un système de croyance : il s'agit de réunir autour de soi des gens – les acteurs – à qui on fait croire à une histoire et à qui on demande de l'incarner. Ce qui est le principe des *Métamorphoses* d'Ovide, avec les lecteurs. On convoque une jeunesse qu'on confronte à des fables, et on fait en sorte que l'histoire passe à travers leur corps, à tel point qu'elle change leur corps. On pourrait même donner le prologue d'Ovide comme définition du cinéma : « les métamorphoses des formes en des corps nouveaux ». On filme des gens pour en inventer d'autres. Filmer dans telle rue va permettre d'inventer une autre rue. L'acte de filmer est un acte de métamorphose. Et aussi, d'ailleurs, un acte de condamnation. La métamorphose chez Ovide peut être punitive ; elle est le plus souvent brutale ; elle détruit une part de l'identité. Or filmer quelqu'un, c'est détruire une part de lui. De même qu'écrire sur quelqu'un – comme le rappelle Salinger, qui ne voulait pas écrire sur ses proches par crainte que cela les éloigne de lui ; ou comme ces cinéastes amoureux de leur actrice mais qui ne peuvent plus l'être une fois le film fini, car quelque chose a été détruit.

BL. C. – *Les métamorphoses se jouent entre humanité et animalité. Vous montrez la continuité entre hommes et bêtes, dieux et hommes, nature et civilisation. Vous envisagez le monde comme un grand Tout, un cosmos. Vous confronter à la question de l'irréalité était-il dans votre projet ?*

CH. H. – Oui, car le surnaturel fait partie du plaisir. Je savais que je n'arrivais pas avec les armes d'Hollywood, que je n'allais pas créer des images phénoménales ou spectaculaires. Je tenais à ce que le surnaturel advienne toujours de la manière la plus simple et la plus modeste possible. Il y a très peu d'effets spéciaux, qui sont tous des effets de tournage ou de montage (par exemple pour représenter Argus et ses cent yeux). Le réalisme, pour moi, ne consiste pas à être vraisemblable mais à créer un réel qui échappe aux conventions. Avec le jeu, c'est pareil : j'ai choisi ces acteurs parce qu'ils avaient tous un phrasé particulier, assez peu naturaliste. Cela me semblait par exemple important que Tirésias soit joué par un écrivain (Rachid O.), dont je fais un pédiatre.

L'enjeu était donc de rendre compte des émotions ou des idées en les transformant en situations de fiction, par des choix de mise en scène et non par une simple illustration (cela n'aurait pas eu de sens de mettre Tirésias dans un bois...). Car c'est un film qui parie sur la croyance du spectateur : c'est lui qui construit l'image des dieux. Je crois être là assez proche d'Ovide : c'est la lecture qui crée le dieu.

BL. C. – On a d'ailleurs assez peu de descriptions chez Ovide : on peut imaginer les dieux comme on veut.

CH. H. – Oui, ce ne sont pas des dieux qui s'imposent à nous. J'aimais bien l'idée que ce soit des dieux perdus. Ils reviennent aujourd'hui, et plus personne ne croit en eux. Ils sont tous dans la situation de Bacchus, qui se plaint que les mortels refusent de croire en lui. Ce sont des dieux auxquels plus personne ne croit. Cette question de la perte de croyance était intéressante à mettre en scène. Jupiter n'est pas très impressionnant dans mon film : il a un physique de joli garçon qui peut plaire aux jeunes filles, il a un camion au début, mais il n'est en rien un superhéros. On pourrait très bien imaginer exactement le même scénario à Hollywood, et ce serait un film de superhéros – ce qui pourrait d'ailleurs être intéressant. Mais j'ai plutôt voulu reprendre la phrase de saint Paul : « Il faut faire croire à l'invisible par le visible. » C'était un bon principe de mise en scène.

BL. C. – C'est fondamentalement la question de la fable qui est en jeu. Vous cherchez à mettre en scène, à animer, ce qu'est une fable : un récit qui semble incroyable et qui a pourtant des effets dans le réel. Quel statut accorder aux Métamorphoses *d'Ovide ? Poème purement fantaisiste ou récit sur les origines de l'homme ? Là encore, on retrouve la question de la croyance : faut-il croire à ces histoires ? « Vous n'avez rien à craindre si vous ne croyez pas à nos histoires »*, *dit Bacchus*. Les Métamorphoses *seraient-elles une ode à la fiction ?*

CH. H. – L'enjeu pour moi était en effet plus fort que la représentation du surnaturel. Europe est à un âge où elle a besoin de croire aux histoires. La phrase la plus importante est celle qu'elle écrit avec des galets sur le sable : « Je veux une histoire. » « Je veux vivre une histoire » : c'est ce qu'on veut quand on a 16 ans. On n'a peur que d'une chose, c'est qu'il ne nous arrive rien, qu'on ait une vie sans histoires (comme celle de nos parents, croit-on). L'idée était qu'elle croise des gens qui lui fassent vivre des histoires. Je voulais interroger le rapport entre crédulité, doute et soupçon. Au début, Europe prend Jupiter pour un illuminé, elle ne croit pas en lui. Et je voulais terminer le film autour du personnage d'Orphée, qui n'est pas un dieu mais plutôt un chef de secte, et qui, dans le film, prône un retour à un état primitif. J'aimais bien l'idée qu'Europe finisse dans cette bande orphique, qui aujourd'hui ne peut être que clandestine : des marginaux qui traînent et sont toujours chassés. C'est comme s'il n'y avait plus de place pour un surnaturel qui soit poétique et non pas prophétique. Le film parle en fait énormément d'aujourd'hui. Finalement, l'aller-retour entre un très lointain passé – ce texte d'Ovide qui a plus de 2 000 ans – et notre présent a produit le film le plus contemporain que j'aie fait.

BL. C. – *Qui parle finalement plus de politique que vos autres films.*

CH. H. – Beaucoup plus. Et pas uniquement en métaphore. C'est comme si j'étais allé chercher dans le passé une loupe pour regarder le présent. Et c'est la force de ces textes-là, et la force du mythe. Après-guerre, en France, on l'a beaucoup fait : Cocteau, Anouilh, Giraudoux… Il y a eu un retour du mythe qui permettait de parler du réel. Mais aujourd'hui le mythe a de nouveau disparu : on veut des histoires littérales, et pas mythologiques, surtout dans le cinéma (en littérature, quelqu'un comme Pascal Quignard continue à interroger ce qui fait mythe). Pourquoi un mythe – et parfois un mythe se réduit à trois phrases… –, pourquoi ces trois phrases racontent-elles soudain quelque chose sur le présent plus fort que n'importe quel documentaire ?

BL. C. – Votre film oscille entre réalisme et irréalité. Vous montrez une nature enchantée et heureuse, gorgée de soleil, mais aussi mouvante, en perpétuelle évolution, propice à toutes les rencontres et féeries – comme l'illustrent les périphéries urbaines, ces non-lieux entre ville et campagne, espaces indéterminés où tout peut arriver. Est-ce aussi un portrait de la banlieue ?

CH. H. – En préparant le film, je me suis demandé : où les dieux peuvent-ils réapparaître ? En les faisant surgir à Paris, j'avais peur de les transformer en anges gardiens, comme dans *Les Ailes du désir* de Wenders. Dans *Les Métamorphoses*, la nature est trop importante pour être évacuée. Il faut qu'ils viennent errer à la frontière des villes, dans les zones périurbaines autrefois très investies par les industries mais qui, à cause de la situation économique, ont été abandonnés ; et où la nature reprend ses droits sur des vieilles voies ferrées, des entrepôts… On a construit des autoroutes mais en laissant la nature revenir. Je me suis dit qu'il y avait là quelque chose de la nature primitive, mythologique, qui est sous nos yeux mais qu'on ne voit plus. Il m'a semblé qu'il était intéressant de les faire revenir à ces endroits-là : non pas en pleine nature où ils seraient perdus, car ce sont toujours des dieux qui veulent avoir commerce avec les humains ; ils veulent les séduire, les capturer. Il ne faut pas non plus qu'ils soient en centre-ville mais qu'ils « zonent » dans des territoires de terrains vagues et de faits divers. On est donc allés dans le Sud, vers la Méditerranée, mais autour des villes – Nîmes, Marseille, Montpellier – pour explorer ces zones souvent abandonnées où vivent des populations délaissées. Je voulais ranimer ces lieux, par la jeunesse de mes acteurs, par la nudité, par une approche hédoniste et neuve de ces territoires qui sont en même temps souvent des lieux de prostitution – on s'y retire pour avoir des activités sexuelles clandestines. Ces dieux sont donc tous marginaux – dans une scène, je me suis amusé à leur faire faire la manche à la sortie d'une église, avec leurs chiens, comme les marginaux d'aujourd'hui.

BL. C. – *Au fur et à mesure, la nature s'anime et devient beaucoup plus belle, riante, ensoleillée, avec ces scènes de baignade… Chacun accepte sa nudité. Il règne une grande sensualité. C'est comme si les corps avaient une vie secrète, indépendante de l'âme, presque autonome.*

CH. H. – Les dieux ont rappelé à Europe son passé. Ils l'éloignent de la ville pour la remettre dans une espèce d'Éden, une nature sauvage où le rapport aux éléments est plus franc, plus sensuel. Ainsi, la comédienne, qui est le prototype de la beurette, est dépouillée du caractère sociologique qu'on a toujours tendance à plaquer sur ce genre de jeunesse de banlieue. Europe vit une métamorphose : la question n'est alors plus de savoir si elle a des parents algériens, si elle vit dans un HLM, si elle a des problèmes de scolarité. Débarrassée de toute forme de déterminisme social, elle redevient une simple figure de jeune femme, belle, sensuelle, innocente, au cœur de la nature.

C'est pour cela que j'aime beaucoup la dernière scène où, malgré le carnage des orphistes, elle attend Jupiter ; même si c'est une manière de se mettre hors de la vie, elle est prête à entrer dans la fable, à rentrer dans son histoire : à être Europe, la jeune fille enlevée par Jupiter. Comme chez Ovide : pour un mortel, le fait d'être, à un moment donné, en contact avec un dieu, s'apparente à une révélation – quelque chose qui le révèle à autre chose. Europe découvre une culture commune dont elle ignorait même l'existence.

Bl. C. – Cela nous ramène à la question politique, celle de la place de la Grèce, qui est un espace à la fois historiquement central et économiquement périphérique : une sorte de banlieue de l'Europe alors que, pour notre civilisation, elle en est le cœur.

Ch. H. – C'est tout le drame. Faute de pouvoir payer leur dette, les Grecs devraient sortir de l'Europe ? La violence envers la Grèce a été insensée. Alors que l'Europe lui doit tellement. J'ai été surpris qu'on ne mette pas cela plus en avant, au moment de ces débats. Certes la Grèce actuelle est un pays qui a saboté sa culture, ses sites historiques. Ce film était de l'ordre du geste d'amour. Ce film était de l'ordre du geste d'amour. Ce ne pouvait pas être un antidote contre les choses empoisonnées qu'on entendait à l'époque, mais malgré tout c'était un rappel de nos origines méditerranéennes. Je ne comprends pas comment on peut envisager l'Europe sans la Méditerranée. Pour toute personne qui a lu l'*Iliade*, l'*Odyssée* et *Les Métamorphoses*, il est impossible d'imaginer que l'Europe se fasse à partir de, disons, Poitiers. Car on a beaucoup plus été façonnés, surtout en tant que Français, par les récits turcs, maghrébins, grecs et latins que par les récits nordiques.

Bl. C. – Vous montrez que la mythologie est bien vivante : même s'ils peuvent sembler loin de nous, ces mythes sont en fait des histoires universelles et atemporelles, la matrice de bien des récits actuels, leurs sous-textes méconnus. En somme, notre culture et notre passé communs, notre héritage.

CH. H. – Notre quotidien en est imprégné : qu'on en juge par les enseignes des magasins, *Repaire de Bacchus* et autres... Quand j'ai montré le film, les gens éprouvaient parfois de la méfiance face au côté culturel des *Métamorphoses* d'Ovide, mais ils finissaient par dire : « Ah, mais je la connais, cette histoire ! » Car ces histoires irriguent notre culture. Ce n'est d'ailleurs pas seulement une culture érudite mais une connaissance populaire. La renier comme on le fait quand on parle de l'Europe me semble insensé.

BL. C. – Avez-vous projeté le film devant des élèves de collège ou de lycée ?

CH. H. – Je me souviens que j'ai travaillé avec un groupe de jeunes qui a été très choqué, dans l'histoire d'Atalante, par la scène dans la mosquée, où Hippomène et Atalante font l'amour avant d'être transformés en lions. Certains élèves sont sortis de la salle parce qu'ils voyaient dans la scène la profanation d'un lieu sacré. Or c'est bien le problème soulevé par Ovide ! Hippomène et Atalante profanent un temple et en sont punis. Aujourd'hui, s'il y a bien un lieu où, surtout en tant qu'Occidental non musulman, on n'a pas le droit de poser un regard, c'est bien la mosquée. C'était juste avant les attentats contre Charlie Hebdo, et cela m'a fait un peu peur. J'ai essayé de leur expliquer l'intérêt de la profanation dans l'art, en leur disant que l'artiste a le droit de tout interroger, et ils me répondaient : « Mais, monsieur, vous allez être puni. » Je leur ai expliqué que ce n'était pas une vraie mosquée, que ce n'était pas le réel mais une métaphore du réel, mais pour eux il y avait une littéralité dont ils ne pouvaient pas se dépêtrer. Cela les choquait profondément. Ils étaient prêts à accepter que les dieux forniquent, tuent, mais que ce lieu soit profané, non. Et c'est précisément le propos du film : le religieux aujourd'hui. Dans le film, on peut avoir l'impression que le sentiment religieux n'est pas pris au sérieux, notamment quand Bacchus se plaint d'être le dernier des dieux et réclame l'attention des mortels, car tout cela reste de l'ordre de la fable. Mais un simple tapis de prière dans un gymnase (là où on a tourné la scène) suffit à créer le scandale religieux. Cela pose beaucoup de questions sur la représentation au cinéma, la force d'un plan, et dit bien qu'on ne peut pas dégager le film de son contexte historique, du lieu et de l'époque où il est vu.

BL. C. – Vous avez finalement montré le rapport très intime que nous entretenons avec les images, les légendes, les mythes – ce va-et-vient entre l'universel et le personnel.

CH. H. – J'ai tenté avec ce film de cerner des figures, des modèles en mouvement. J'ai été soucieux de ne pas les enfermer dans un « costume » psychologique ou sociologique. Et, après de nombreux peintres, musiciens et écrivains, de les faire revivre dans une mosaïque de fables qui permet les interprétations les plus diverses – convaincu, comme l'écrivait Henry Bauchau, que « les mythes fondateurs ne naissent pas d'un effort intellectuel, mais des profondeurs de chacun ». Certains cinéastes savent représenter le monde tel qu'il est, moi je m'efforce de retrouver le monde tel que je l'ai lu.

CARTES

La Méditérranée antique (1 cm = 280 km)

© Les Belles Lettres

Le monde grec (1 cm = 98 km)

© Les Belles Lettres

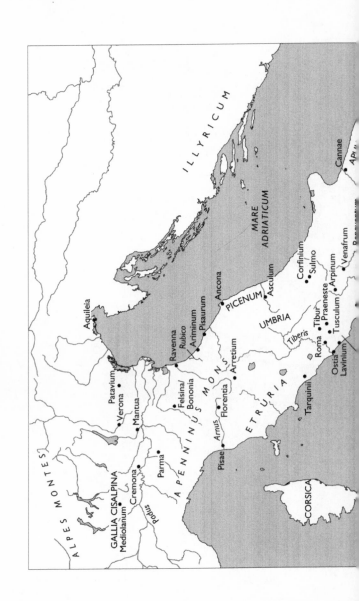

L'Italie antique (1 cm = 93 km)

© Les Belles Lettres

I

LA MÉTAMORPHOSE COMME EXPLICATION DU MONDE

Un chasseur se change en cerf, une femme devient laurier, un enfant naît de l'écorce d'un arbre... Les métamorphoses ne sont-elles pas la plus belle métaphore qu'on puisse donner de la création ? Ces récits nous donnent le sentiment que l'humanité se développe par transformations successives, d'un corps à l'autre, d'une âme à l'autre. Humain, animal et végétal se confondent. Les quatre éléments entrent dans la ronde... Toute la Création est impliquée dans le cycle des métamorphoses, qui composent un grand Tout, et écrivent une nouvelle histoire du cosmos : poétique, analogique, esthétique.

La métamorphose est, pour les Grecs et les Latins, un principe explicatif du monde tel qu'il est. Les récits de métamorphoses ont souvent une fonction étiologique : ils expliquent l'origine de certains cultes, mythes, personnages légendaires, phénomènes étranges. Et font jouer *fabula* contre *historia*. Nous conservons jusqu'à nos jours des traces de ces métamorphoses dans notre langue, notre culture, nos réalités quotidiennes. Elles sont au fondement de l'histoire du monde, du récit que l'on se fait de notre humanité, mais aussi de notre rapport à l'espace, au temps, à notre environnement, aux autres, aux différentes espèces. Cet animal qui me regarde, n'a-t-il pas été un homme dans une autre vie ? Moi-même ne suis-je pas menacé de perdre un jour ma forme actuelle pour devenir autre – sans attendre la métamorphose ultime qu'est la mort ? Au sortir de l'Antiquité, la métamorphose demeure le principe fondateur du christianisme : Dieu qui se fait homme.

La métamorphose est aussi un principe explicatif du monde physique. Elle correspond à la distinction que soulève Aristote entre forme et matière : la matière est contenue en puissance dans la pierre ou l'airain ; c'est le sculpteur qui l'actualise. La métamorphose correspond au travail du sculpteur ; elle est synonyme d'évolution par transformations successives.

Les métamorphoses engagent une vision non fixiste de la nature : elles révèlent une perméabilité des formes, un continuum qui dépasse la barrière des espèces. Une forme de recyclage perpétuel, ouvrant sur une vision positive de la nature. La transformation devient la norme, et l'hybridation la règle. Continuité entre les espèces – humaines, animales et végétales –, entre les âges de la vie, entre les étapes de l'histoire du monde. Les métamorphoses nous font renaître sous une nouvelle identité, et nous font entrer dans un nouveau cycle de vie.

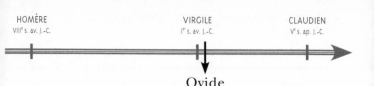

HOMÈRE
VIIIᵉ s. av. J.-C.

VIRGILE
Iᵉʳ s. av. J.-C.

CLAUDIEN
Vᵉ s. ap. J.-C.

Ovide

À travers une histoire des métamorphoses, Ovide entend faire une généalogie humaine : il montre qu'il existe une continuité d'un être à un autre, grâce à des changements de forme. C'est dans ce texte qu'apparaît pour la première fois en latin le mot « métamorphoses », transcrit du grec.

D'UN CORPS À L'AUTRE

Je me propose de dire les métamorphoses des corps en des corps nouveaux ; ô dieux (car ces métamorphoses sont aussi votre ouvrage), secondez mon entreprise de votre souffle et conduisez sans interruption ce poème depuis les plus lointaines origines du monde jusqu'à mon temps.

Les Métamorphoses, I, 1-4

Pour Ovide, la première métamorphose est celle de la naissance de l'homme, issu de la terre et des éléments, créé par les dieux à leur image. Ovide se situe ici dans la lignée du fabuliste Hygin, qui lui aussi retrace la généalogie de l'homme, et de Pythagore, lui-même influencé par l'orphisme. Le mouvement perpétuel, la transmigration des âmes, et ce qu'au XIXᵉ siècle Lamarck nommera transformisme, ou transmutation des espèces, sont au fondement de la vision d'Ovide, qui fait des métamorphoses le moteur de l'histoire des hommes.

L'HOMME EST UNE MÉTAMORPHOSE

Un animal plus noble, plus capable, d'une haute intelligence et digne de commander à tous les autres, manquait encore. L'homme naquit, soit que

le créateur de toutes choses, père d'un monde meilleur, l'ait formé d'un germe divin, soit que la terre
récente, séparée depuis peu des hautes régions de
l'éther, retînt encore des germes du ciel, restes de
leur parenté, et que le fils de Japet, l'ayant mêlée aux
eaux d'un fleuve, l'ait modelée à l'image des dieux,
maîtres de l'univers ; tandis que, tête basse, tous les
autres animaux tiennent leurs yeux attachés sur la
terre, il a donné à l'homme un visage qui se dresse
au-dessus ; il a voulu lui permettre de contempler le
ciel, de lever ses regards et de les porter vers les astres.
Ainsi la terre, qui naguère était grossière et informe,
revêtit par cette métamorphose des figures d'hommes
jusqu'alors inconnues.

Les Métamorphoses, I, 76-88

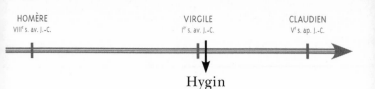

HOMÈRE
VIIIe s. av. J.-C.

VIRGILE
Ier s. av. J.-C.

CLAUDIEN
Ve s. ap. J.-C.

Hygin

Hygin, l'un des plus anciens mythographes, qui écrit en grec, retrace ici la généalogie des hommes.

ET DE LA BOUE NAQUIT LA FEMME

Prométhée, premier fils de Japet, façonna les hommes avec de la boue ; Vulcain, par la suite, fit l'image de la femme, sur l'ordre de Jupiter, avec de la boue : Minerve lui donna l'âme, et chacun des autres dieux lui fit un don particulier ; on l'appela pour cette raison Pandora et elle fut donnée en mariage à son frère Épiméthée ; elle donna ainsi naissance à Pyrrha qui fut, dit-on, la première mortelle créée.

Fables, CXLII, « Pandora »

HOMÈRE
VIIIe s. av. J.-C.

VIRGILE
Ier s. av. J.-C.

CLAUDIEN
Ve s. ap. J.-C.

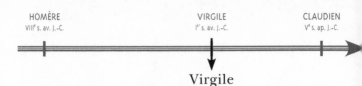

Virgile

Énée, arrivé à Pallantée (la future Rome), est accueilli par Évandre, le roi des Arcadiens. Dans une transmission initiatique, celui-ci lui raconte l'âge d'or et la naissance des hommes, issus des chênes.

L'HOMME DESCEND DES ARBRES

Le roi allait, chargé d'ans, il retenait près de lui Énée et son fils [Pallas] pour accompagner sa marche ; ses propos sans apprêts rendaient la route légère. Énée admire, il porte de tous côtés ses yeux dociles, il est conquis par ces lieux, heureux il interroge, il écoute les récits à propos de tout ce qui rappelle les hommes d'autrefois. Alors le roi Évandre, fondateur de la citadelle romaine :

« Ces bois avaient jadis pour habitants ceux qui en étaient issus, faunes, nymphes, et une race d'hommes sortis du tronc des chênes durs ; ils n'avaient ni traditions ni usages, ils ne savaient ni atteler des taureaux, ni amasser des provisions, ni ménager les biens acquis ; les branches, une chasse sauvage fournissaient à leur nourriture. Le premier qui vint fut Saturne, descendu de l'Olympe éthéré, fuyant les armes de Jupiter, exilé, déchu de sa royauté. Il réunit ces hommes indociles et dispersés sur les hautes montagnes, il leur donna des lois et choisit pour le pays le nom de Latium parce qu'il avait sur ces bords trouvé une retraite sûre[1]. L'âge d'or, comme on l'appelle, se place sous son règne, si calme était la paix qu'il maintenait parmi ses peuples, jusqu'aux temps où peu à peu succéda un âge moins bon, dégradé, avec les fureurs de la guerre et l'amour des richesses. »

Énéide, VIII, 308-327

---

1. Latium était rapproché du verbe *latere*, « se cacher ».

HOMÈRE
VIIIe s. av. J.-C.

VIRGILE
Ier s. av. J.-C.

CLAUDIEN
Ve s. ap. J.-C.

Platon

Pour Platon, apprendre consiste à se ressouvenir. Ici, il vient de démontrer que « les âmes existaient antérieurement à leur existence dans une forme humaine ; elles étaient séparées des corps et disposaient de pensée ». C'est la métempsychose : l'âme prend différentes formes successives ; elle se métamorphose sans cesse, au gré des corps dans lesquels elle s'incarne. La transmigration de l'âme d'un corps à l'autre est au fondement de l'humanité.

L'ÂME NE MEURT JAMAIS

Si l'âme existe avant la naissance et si, nécessairement, quand elle vient à la vie et qu'elle naît, cette naissance n'a pas d'autre origine que la mort et l'état de mort, comment dès lors n'est-il pas nécessaire, même après la mort, qu'elle existe, puisqu'elle doit naître de nouveau ? Voilà une démonstration acquise dès maintenant, sur le point que vous dites. Pourtant, me semble-t-il, vous aimeriez, Simmias et toi, examiner plus à fond la question : vous avez l'air de craindre, comme les enfants, que le vent ne disperse et ne dissipe véritablement l'âme à la sortie du corps, surtout si l'on ne meurt pas par temps calme, mais un jour de tempête.

Phédon, 77c-77e

Platon nous met en garde : le sommeil est dangereux car, le temps d'une sieste, l'homme peut soudain se réincarner en cigale... Le philosophe exprime ici l'une des grandes interrogations humaines : la peur du sommeil, terra incognita, *lieu de tous les possibles et de tous les dangers, où l'on peut se perdre et se réinventer.*

À L'HEURE DE LA SIESTE

D'après la légende, les cigales étaient jadis des hommes, de ceux qui existaient avant la naissance des Muses. Quand les Muses furent nées et que le chant eut paru sur la terre, certains hommes alors éprouvèrent un plaisir si bouleversant qu'ils oublièrent en chantant de manger et de boire, et moururent sans s'en apercevoir. C'est d'eux que par la suite naquit l'espèce des cigales : elle a reçu des Muses le privilège de n'avoir nul besoin de nourriture une fois qu'elle est née, mais de se mettre à chanter tout de suite, sans manger ni boire, jusqu'à l'heure de la mort ; après, elles vont trouver les Muses et leur disent qui les honore ici-bas, et à qui d'entre elles est adressé cet hommage. À Terpsichore elles parlent de ceux qui l'ont honorée dans les chœurs de danse, et les lui rendent ainsi plus chers ; à Érato, de ceux qui l'honorent dans les rites de l'amour ; aux autres de même, suivant la forme de chaque hommage. À l'aînée, Calliope, et à sa cadette Uranie, elles parlent de ceux qui passent leur vie à philosopher et qui honorent l'art qui leur est propre, car entre toutes les Muses, ce sont elles qui s'occupent du ciel et des questions de l'ordre divin aussi bien qu'humain, et qui font entendre les plus beaux accents. Ainsi, pour bien des raisons, nous devons parler et ne pas céder au sommeil à l'heure de midi.

Phèdre, 258e-259d

HOMÈRE
VIIIᵉ s. av. J.-C.

VIRGILE
Iᵉʳ s. av. J.-C.

CLAUDIEN
Vᵉ s. ap. J.-C.

Lucrèce

Pour Lucrèce, la transformation de la nature est un principe universel.

« TOUT PASSE, TOUT CHANGE »

Aussi, encore une fois, ce nom de mère que la terre a reçu, elle le garde à juste titre puisque d'elle-même elle a créé le genre humain, et produit pour ainsi dire à la date fixée toutes les espèces qui errent et s'ébattent sur les hautes montagnes, en même temps que les oiseaux de l'air aux aspects différents. Mais, comme sa fécondité doit avoir un terme, la terre cessa d'enfanter, telle une femme épuisée par la longueur de l'âge. Car la nature du monde entier se modifie avec le temps : sans cesse un nouvel état succède à un plus ancien suivant un ordre nécessaire ; aucune chose ne demeure semblable à elle-même : tout passe, tout change et se transforme aux ordres de la nature. Un corps tombe en poussière, et s'épuise et dépérit de vieillesse ; puis un autre croît à sa place et sort de l'obscurité. Ainsi donc la nature du monde entier se modifie avec le temps ; la terre passe sans cesse d'un état à un autre : ce qu'elle a pu jadis lui devient impossible ; elle peut produire ce dont elle était incapable.

De la nature, V, 821-836

Les métamorphoses ne sont pas de la magie. Tout se transforme, mais selon la nature de chaque espèce.

RIEN NE NAÎT DE RIEN...

Le principe que nous poserons pour débuter, c'est que rien n'est jamais créé de rien par l'effet d'un pouvoir divin. Car si la crainte tient actuellement tous les mortels asservis, c'est qu'ils voient s'accomplir sur terre et dans le ciel maint phénomène dont ils ne peuvent aucunement apercevoir la cause et qu'ils attribuent à la puissance divine. Aussi, dès que nous aurons vu que rien ne peut être créé de rien, nous pourrons ensuite mieux découvrir l'objet de nos recherches, et voir de quels éléments chaque chose peut être créée et comment tout s'accomplit sans l'intervention des dieux.

Car, si de rien pouvait se former quelque chose, de toutes choses pourrait naître toute espèce, rien n'aurait besoin de semence. De la mer pourraient soudain sortir les hommes, de la terre la gent à écailles, et du ciel s'élanceraient les oiseaux : bestiaux gros et petits, bêtes sauvages de toute espèce, engendrés au hasard, occuperaient indifféremment lieux cultivés et déserts. Sur les arbres, les fruits ne demeureraient pas les mêmes, mais changeraient ; tous pourraient tout produire. [...] Allons plus loin : pour croître, les corps n'auraient pas besoin du délai nécessaire à la réunion de leurs éléments, s'ils pouvaient s'agrandir de rien. De tout petits enfants se changeraient soudain en hommes faits ; sortant tout à coup de terre surgiraient des arbres. De tout ceci il est manifeste que rien ne se produit, puisque tout s'accroît peu à peu, comme il est naturel, par des éléments déterminés, et que chaque être garde en grandissant ses caractères spécifiques [...].

Enfin, pourquoi la nature n'a-t-elle pu former des hommes assez grands pour traverser la mer à gué, séparer par l'effort de leurs mains de hautes montagnes, et dépasser par la durée de leur vie de nombreux âges d'hommes ? N'est-ce pas qu'à la création de chaque chose est assignée une quantité fixe de matière, dont se compose tout ce qui peut naître ? Il faut donc avouer que rien ne peut naître de rien, puisque les objets ont besoin d'une semence pour être créés et pouvoir se dresser ensuite dans les souffles légers de l'air.

De la nature, I, 149-214

... ET RIEN NE RETOURNE AU NÉANT

En outre et réciproquement, la nature résout chaque corps en ses éléments, mais ne le détruit pas jusqu'à l'anéantissement. Car, si un corps était sujet à périr totalement, toute chose pourrait soudain se dérober à nos yeux et cesser d'être : aucune force en effet ne serait nécessaire pour réaliser le divorce de ses parties et en défaire la trame. Mais en fait, comme les choses se composent d'éléments éternels, jusqu'au jour où survient une force capable de les réduire en éclats par son choc, ou de s'introduire par les vides qu'elles présentent pour les désagréger, jamais la nature ne nous en laisse voir la fin. [...] Ainsi donc aucun corps ne retourne au néant mais tous, par la désagrégation, retournent aux éléments de la matière. [...]

Rien donc n'est détruit tout à fait de ce qui semble périr, puisque la nature reforme les corps les uns à l'aide des autres, et n'en laisse se créer aucun sans l'aide fournie par la mort d'un autre.

De la nature, I, 215-270

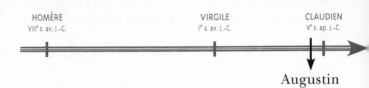

HOMÈRE
VIIIe s. av. J.-C.

VIRGILE
Ier s. av. J.-C.

CLAUDIEN
Ve s. ap. J.-C.

Augustin

LE POUVOIR DES FANTÔMES

L'auteur tente de concilier la réalité des métamorphoses, héritées des traditions païennes, et l'existence de Dieu. Pour expliquer l'inexplicable, il s'en remet aux fantômes.

Sans doute les démons ne créent point de natures en réalisant des prodiges comme ceux dont il est question ; mais ils transforment quant à l'apparence celles que Dieu a créées, de sorte qu'elles paraissent être ce qu'elles ne sont pas. C'est pourquoi je n'accorde absolument pas que l'artifice ou la puissance des démons puissent véritablement métamorphoser l'âme, que dis-je ? le corps même de l'homme en membres et figures d'animaux. Ce que je crois, c'est que le fantôme de l'homme, qui dans la pensée ou le sommeil se transforme selon l'infinie diversité des objets et, quoique incorporel, revêt avec une étonnante rapidité des formes semblables à celles des corps, peut, une fois les sens corporels assoupis ou inhibés, être offert, j'ignore comment, aux sens d'autrui sous une forme corporelle. Par conséquent, si le corps même de l'homme gît quelque part, vivant sans doute, mais dans un verrouillage des sens plus rigoureux et plus accentué que dans le sommeil, ce fantôme se montrera aux sens d'autrui comme incorporé à quelque figure d'animal, et l'homme lui-même pourra se croire tel qu'il se paraît, comme dans l'illusion d'un songe.

La Cité de Dieu, XVIII, § 18

(Traduction de Jean-Louis Dumas
© Éditions Gallimard)

Les métamorphoses seraient le produit de démons créés par Dieu. – Pour Pierre Klossowski (Le Bain de Diane, Jean-Jacques Pauvert, 1956 ; Gallimard, 1980), le raisonnement de saint Augustin ne provient pas simplement d'une position morale chrétienne : Augustin va plus loin en affirmant le caractère démoniaque des dieux antiques. Ce sont des divinités mauvaises, corrompues (ils sont « adultères, incestueux, voleurs et parjures », écrit Klossowski, ce qu'illustrent les textes de métamorphoses), qui ne se soucient pas de la morale humaine. Pour s'incarner, ils empruntent aux hommes leurs façons d'agir – bonnes ou mauvaises –, leurs passions. Leur incarnation est de type « histrionesque » : « Les protestations des philosophes païens contre l'imagination sacrilège des poètes ne se faisaient que d'un point de vue moral et rationnel. Ce qui est proprement original à saint Augustin, c'est d'avoir admis que les démons se faisant passer pour des divinités aient pu se présenter sous la forme de dieux se voulant adorables en tant que divinités mauvaises *du point de vue des mœurs […]. Saint Augustin conclut à la fausseté de leur divinité, à la réalité de leur essence démoniaque. »*

DES PRODIGES DÉMONIAQUES

Ces faits nous sont parvenus non sur le rapport de gens quelconques, que nous jugerions honteux de croire, mais d'hommes que nous estimons incapables de nous tromper. Ainsi, ce que la tradition et les œuvres littéraires nous disent, que des hommes sont couramment changés en loups par des dieux, ou plutôt des démons, d'Arcadie, et que « Circé, par ses incantations, transforma les compagnons d'Ulysse[1] », cela me semble avoir pu s'accomplir – si toutefois c'est réellement de la manière que j'ai dite. Quant aux oiseaux de Diomède, comme leur espèce,

---

1. Citation des *Églogues* de Virgile (VIII, 70).

assure-t-on, s'est perpétuée jusqu'à nous par successions de générations, ils le doivent, je crois, non à une métamorphose d'hommes, mais à une substitution semblable à celle de la biche sacrifiée à la place d'Iphigénie, la fille du roi Agamemnon. De semblables prodiges n'ont pu être difficiles à exécuter pour des démons, que le jugement de Dieu leur permettait. Mais, comme cette jeune fille fut plus tard retrouvée vivante, on reconnut aisément qu'une biche lui avait été substituée. Les compagnons de Diomède, ayant soudain disparu sans qu'on les revoie ensuite nulle part, victimes de mauvais anges vengeurs, on les a crus métamorphosés en ces oiseaux qui, transportés secrètement du milieu de vie de l'espèce jusqu'ici, les auraient subitement remplacés.

La Cité de Dieu, XVIII, § 18

(Traduction de Jean-Louis Dumas
© Éditions Gallimard)

II

CHANGEMENTS D'ESPÈCE

Les métamorphoses mettent en jeu des désirs profondément ancrés en nous : vouloir changer le monde, l'adapter à nos désirs. À tout prix. Même au prix de transformer les autres, et de se transformer soi-même. Métamorphoser ; se métamorphoser. Deux attitudes qui expriment d'abord une insatisfaction – de ce qui nous entoure, ou de nous-mêmes. L'homme veut agrandir son univers et son emprise sur lui. Quand la plasticité de la forme s'associe à une adaptation psychologique, la métamorphose permet le changement d'identité, et le changement d'activité. Multiplication des apparences, démultiplication des pouvoirs.

Fondamentalement mobile, dans le temps et l'espace, la métamorphose est à la fois récit et image ; un processus et un résultat ; le récit d'un évènement et une forme arrêtée, à jamais figée – par le biais des dessins sur les vases grecs, de la statuaire, et plus tard de la peinture ou encore du théâtre puis du cinéma. La métamorphose opère une transformation d'un état antérieur à un état ultérieur ; elle introduit du mouvement là où il n'y en avait pas. Quel est le temps de la métamorphose ? Représenter une métamorphose, c'est tenter de figurer le temps, l'évolution, la transition, et de les figer en un instant, en quelques mots, en une image. Dans un récit, sur quelles étapes s'arrêter ? Suffit-il d'évoquer l'état final ? Comment décrire le processus de transformation ? En littérature comme en peinture, peu importe le résultat : c'est la métamorphose, dans sa beauté et son étrangeté, qui prime.

Comment écrire la métamorphose ? Chez les Grecs, le processus est souvent escamoté au profit du résultat, à la différence de ce qu'on observe chez Ovide, où le poète s'efforce de décrire précisément la métamorphose, de l'enserrer dans son texte. Les auteurs grecs n'emploient pas le présent ou l'imparfait, qui permettent d'insister sur la durée, sur le développement de la métamorphose, mais l'aoriste, qui décrit les faits de manière ponctuelle, presque hors du temps. Antoninus Liberalis, qui consacre tout un livre, en grec, au sujet, se contente de décrire la métamorphose de manière factuelle, de constater une transformation. Pour dire l'état de celui qui subit la métamorphose, il écrit : *egeneto* (« il devint »), comme si cette transformation n'avait rien de surprenant, comme si elle faisait partie du développement normal de l'individu. Homère, dans un texte dont s'est inspiré Ovide, raconte de manière similaire l'épisode des pirates tyrrhéniens qui, imprudemment, ont enlevé, pour le vendre, le jeune Dionysos. Le dieu accomplit sur leur navire une série de miracles. Épouvantés, les marins sautent à la mer, où ils sont transformés en dauphins. Homère écrit simplement : « Pour échapper à ce triste sort, ils sautèrent tous ensemble hors du navire, dans la mer divine, et y devinrent des dauphins » – *delphines d'egenonto* (Homère, *Hymne à Dionysos*, I, 52-53). La métamorphose est acceptée sans étonnement, comme une étape du devenir naturel de l'homme.

Ces choix stylistiques traduisent la manière dont les Anciens percevaient les métamorphoses. Le changement d'état se présente comme une évidence, non problématique. La métamorphose semble être un phénomène comme un autre. La notion de prodige est évacuée, de même que celle de spectaculaire. Pour les Grecs, la métamorphose est invisible : elle survient si rapidement qu'ils ne peuvent qu'en constater les effets, sans comprendre le passage d'une forme à l'autre. C'est ce qui explique la brièveté de bien des textes qu'on lira dans cette anthologie. Divines, les métamorphoses sont invisibles aux hommes, comme est insaisissable l'action des dieux, située dans un hors-temps qui échappe à la perception des mortels. Ovide réintroduit les métamorphoses dans le temps humain – lui que l'on peut soupçonner d'athéisme. Il étire l'événement pour le rendre perceptible, sinon compréhensible. Il invente le ralenti et fait des métamorphoses un objet esthétique : un spectacle.

QUI A LE POUVOIR
DE *MÉTAMORPHOSER*?

Les dieux, qui ont la capacité de prendre toutes les formes pour apparaître aux hommes, ont aussi pouvoir de les transformer à leur gré : pour les modeler à leurs désirs, pour les punir, parfois pour les récompenser.

Circé a le pouvoir de révéler aux hommes leur vraie nature, selon l'animal en quoi elle les transforme. Sa légende vient d'un vieux rituel d'affranchissement des esclaves. La métamorphose apparaît comme une révélation identitaire. Enfant, Dionysos/Bacchus est habillé avec des vêtements féminins pour tromper Héra qui veut s'en prendre à lui parce qu'il est le fruit des amours adultères de son mari. Mais Héra découvre le subterfuge. Zeus transporte alors l'enfant loin de Grèce, le fait élever par des nymphes et le transforme en chevreau. Devenu adulte, il est frappé de folie par Héra, qui parvient enfin à se venger. Il mène alors une vie d'errance, découvre la vigne et le culte de la déesse Cybèle. Il acquiert le pouvoir de faire ce qu'il a subi : frapper les autres de folie et de délire. Les femmes se mettent à pousser des mugissements comme si elles avaient été transformées en vaches (allant jusqu'à dévorer les enfants qu'elles allaitent). Lui qui a été d'abord métamorphosé acquiert le pouvoir de métamorphoser. D'abord moyen de protection, la métamorphose devient un pouvoir constitutif de son identité.

HOMÈRE
VIIIᵉ s. av. J.-C.

VIRGILE
Iᵉʳ s. av. J.-C.

CLAUDIEN
Vᵉ s. ap. J.-C.

Homère

« On est métamorphosé sitôt que l'on a bu et que le breuvage a franchi la barrière des dents. » Tel est le pouvoir de Circé la magicienne, qui par une boisson transforme les compagnons d'Ulysse en pourceaux.

DE LA MAGIE POUR DES COCHONS

POLITÈS. – Mes amis, écoutez ce chant d'une voix fraîche ! on tisse là-dedans, devant un grand métier ; tout le sol retentit ; femme ou déesse ?... allons ! crions sans plus tarder !

Il dit ; tous, de crier aussitôt leur appel.

Elle accourt, elle sort, ouvre sa porte reluisante et les invite ; et voilà tous mes fous ensemble qui la suivent !... Flairant le piège, seul, Euryloque est resté... Elle les a fait entrer ; elle les fait asseoir sur les sièges et fauteuils ; puis, leur ayant battu dans son vin de Pramnos du fromage, de la farine et du miel vert, elle ajoute au mélange une drogue funeste, pour leur ôter tout souvenir de la patrie. Elle apporte la coupe : ils boivent d'un seul trait. De sa baguette, alors, la déesse les frappe et va les enfermer sous les tects[1] de ses porcs. Ils en avaient la tête et la voix et les soies ; ils en avaient l'allure ; mais, en eux, persistait leur esprit d'autrefois. Les voilà enfermés. Ils pleuraient, et Circé leur jetait à manger faînes, glands et cornouilles, la pâture ordinaire aux cochons qui se vautrent.

Odyssée, X, 226-243

---

1. Petits réduits (mot dérivé de « toit »).

Grâce à une ruse d'Ulysse, Circé perd de ses pouvoirs et accepte de libérer les compagnons d'Ulysse de leur métamorphose en porcs.

RETOUR VERS LE FUTUR

ULYSSE. – Oh ! Circé, est-il homme, doué d'un tant soit peu de raison, qui pourrait s'accommoder de manger et de boire sans avoir vu d'abord ses amis délivrés ? Ah ! si c'est de bon cœur que tu me viens offrir ces mets, cette boisson, délivre-moi mes braves et montre-les à nos yeux !

Je disais, et Circé, sa baguette à la main, traverse la grand'salle et va ouvrir les tects. Elle en tire mes gens : sous leur graisse, on eût dit des porcs de neuf printemps… Ils se dressent debout, lui présentent la face ; elle passe en leurs rangs et les frotte, chacun, d'une drogue nouvelle : je vois se détacher, de leurs membres, les soies qui les avaient couverts, sitôt pris le poison de l'auguste déesse. De nouveau, les voilà redevenus des hommes, mais plus jeunes, plus beaux et de plus grande mine. Quand ils m'ont reconnu, chacun me prend la main, et le même besoin de sanglots les saisit : le logis se remplit d'un terrible tapage ! La déesse, elle aussi, est prise de pitié.

Odyssée, X, 383-399

HOMÈRE
VIIIe s. av. J.-C.

VIRGILE
Ier s. av. J.-C.

CLAUDIEN
Ve s. ap. J.-C.

Nonnos de Panopolis

Pour soulager les peines des mortels, Zeus décide de donner naissance à un fils « protecteur de la race humaine » qui donnera aux hommes « un splendide présent » : « la grappe qui chasse le chagrin ». Les métamorphoses de Zeus durant son union avec la mortelle Sémélé préfigurent celles de Dionysos.

NAISSANCE DE DIONYSOS

Alors Zeus des Brumes longe furtivement sa demeure étoilée pour se rendre vers l'hymen de Sémélé ; chaussé de sandales invisibles, il bondit et, à la première enjambée, il parcourt tout le chemin des brumes. À la seconde, il arrive à Thèbes, rapide comme l'aile ou la pensée. Il traverse en hâte le palais et, devant lui, les verrous des portes s'ouvrent d'eux-mêmes.

Et il enlace Sémélé dans le tendre lien de ses bras. Tantôt, sur le lit, il mugit comme un taureau, ayant sur des membres humains une tête cornue, semblable par sa nature à Dionysos aux cornes bovines ; tantôt il revêt la forme d'un lion à crinière épaisse ; tantôt il est une panthère puisqu'il engendre un fils audacieux, meneur de panthère et conducteur de lions ; tantôt, ceinte de serpents lovés, le jeune époux enserre sa chevelure avec le lien d'une vigne qu'il entrelace de lierre sinueux, couleur de vin, parure tressée de Bacchos[1]. Cependant un serpent entoure en rampant le cou de rose de la jeune fille confiante et le lèche de ses lèvres les plus douces : puis, montant sur sa poitrine, il enserre la rondeur de ses fermes seins, siffle un air d'hyménée, répand le miel suave d'une

---

1. Dionysos.

ruche d'abeilles au lieu du pernicieux venin de la vipère.

Zeus s'attarde dans son union et, comme s'il était au pressoir, il fait retentir le cri d'évohé, l'évohé qui sera cher au fils qu'il engendre. Il presse sa bouche éperdue d'amour sur la bouche de Sémélé ; l'époux fait jaillir le délicieux nectar et enivre Sémélé pour qu'elle mette au monde un fils, roi de la vendange et de son nectar ! Pour annoncer l'avenir, il présente la grappe de raisin qui fait oublier le chagrin, son bras chargé s'appuie sur la férule qui apporte le feu. Parfois il élève un thyrse enlacé de lierre couleur de vin, il est revêtu d'une peau de cerf ; éperdu d'amour, il agite la nébride[2] tachetée qu'il porte sur son bras gauche.

La terre tout entière sourit et, de son feuillage qui pousse tout seul, un jardin de vigne entoure la couche de Sémélé, les murs se couvrent des fleurs d'une prairie humide de rosée en l'honneur de la naissance de Bromios[3] et, sur le lit sans nuages, Zeus, tout au fond du palais, fait retentir le grondement du tonnerre pour annoncer les tambourins de Dionysos le Nocturne.

Après leur union, il adresse à Sémélé de douces paroles pour rassurer son épouse quant à l'avenir :

« Femme, je suis le Cronide[4], ton époux. »

Les Dionysiaques, VII, 312-352

2. Peau de faon, attribut de Dionysos.
3. Dionysos.
4. Zeus est le fils de Cronos.

Dans cet éloge de Dionysos, le poète célèbre la nature changeante du dieu. Cet hymne à la diversité, où abondent les fioritures, entrelacs et bigarrures, témoigne d'une esthétique baroque avant l'heure.

UN DIEU BAROQUE

Apportez-moi la férule ; agitez vos cymbales, Muses, et mettez-moi dans les mains le thyrse de Dionysos, car c'est lui que je chante ! Allons, puisque je me joins à votre chœur dans l'île voisine de Pharos, faites surgir pour moi Protée aux cent visages : qu'il se révèle dans la diversité de ses aspects, car divers est l'hymne que j'entonne. Si, sous les traits d'un serpent, il fait ramper sa queue onduleuse, je chanterai le divin combat où le thyrse couronné de lierre a détruit les hordes hirsutes des Géants à la chevelure serpentine. Si, devenu lion, il secoue sur sa nuque une crinière hérissée, je clamerai l'évohé pour Bacchos qui, sur le bras de la terrible Rhéa, tète à la dérobée le sein de la déesse nourricière de lions. Si, d'un bond impétueux de ses pattes, il s'élance dans les airs en prenant la forme d'un léopard au gré de ses métamorphoses changeantes, mon hymne dira comment le fils de Zeus a massacré la race des Indiens et foulé les éléphants, avec son attelage de léopards.

Les Dionysiaques, I, 11-25

QUI A LE POUVOIR
DE *SE MÉTAMORPHOSER* ?

Se métamorphoser relève d'une puissance surhu-
maine qui constitue le dieu comme dieu. Pouvoir
magique, qui lui permet de transcender la barrière
des espèces et la définition figée des identités. Les
métamorphoses divines sont partout ; puisqu'elles
ne relèvent pas de l'extraordinaire, les auteurs ne
s'y attardent pas, et les évoquent comme un simple
attribut du dieu : « Apollon, qui excite les troupes,
alla droit à Énée, / Face au Pélide, et lui insuffla une
grande fureur. Pour la voix il était pareil à Lykaôn,
fils de Priam. / Ayant pris sa figure, il dit, Apollon,
fils de Zeus [...] », lit-on dans l'*Iliade* (XX, 79-82,
traduction de Jean-Louis Backès). Pour encourager
Énée à se battre contre Achille, Apollon revêt une
apparence féroce : celle du loup, Lykaon. Cette transformation correspond à sa nature, puisque certaines
légendes font d'Apollon un dieu pastoral qui protège
les bergers des loups. La métamorphose a lieu tout
naturellement, dans une gradation fluide : avant de
prendre l'apparence d'un loup, il en avait la voix.
Platon interroge ainsi le statut des métamorphoses
divines, telles qu'elles ont été décrites par les auteurs
qu'il a pu lire : « Crois-tu donc que le dieu soit un
magicien, capable d'apparaître délibérément sous des
aspects divers, tantôt réellement présent et changeant
sa figure en une multitude de formes, tantôt nous
abusant en nous faisant croire à de vaines apparences
de lui-même ? » (*La République*, II, 280d). En réalité,
les apparences ne sont jamais vaines : elles correspondent à l'identité profonde du dieu.

Les divinités marines sont souvent polymorphes, sous l'influence de l'élément aquatique. Qu'on pense à Protée, à Nérée et ses filles, les Néréides, ou à Thétis, qui ne cesse de changer de forme pour échapper à l'union que veut lui imposer le roi Pélée. Ou encore à Protée, dont le nom consigne le caractère protéiforme de la métamorphose. Dieu marin, il a le pouvoir de prendre différentes formes afin de se soustraire aux questions qu'on lui pose. La métamorphose est un moyen de se dérober (mariage forcé pour Thétis), une ruse des dieux pour contrer les (rares) attaques des mortels ou, le plus souvent, pour arriver à leurs fins.

L'un des plus anciens dieux du panthéon romain est en lui-même une métamorphose : Janus, doté de deux visages opposés, l'un regardant devant lui, l'autre derrière, est une forme mixte, une métamorphose vivante qui symbolise les possibilités infinies de la divinité. Intermédiaire entre les dieux et les hommes, il connaît le passé et lit l'avenir. Janus est, aujourd'hui encore, un puissant symbole de dualité.

La métamorphose permet aussi de démultiplier son identité. Je change de forme, je deviens un autre. Car la forme est bien plus qu'une forme : elle engage profondément l'identité. Dans de nombreuses métamorphoses, seul le corps se transforme (quand l'âme se réincarne dans un autre corps, on parle de métensomatose). Le caractère de la personne ne change pas. Il y a alors une tragique déconnexion entre l'âme et le corps. Dans bien d'autres cas, la transformation physique modifie en retour le caractère. Enfin, l'âme elle-même peut se transformer : c'est la métempsychose, passage de l'âme d'un état à un autre. Empédocle, philosophe présocratique, écrit ainsi : « Je fus autrefois déjà un garçon et une fille, un buisson et un oiseau, un muet poisson dans la mer. »

Comment l'homme appréhende-t-il ce changement, qu'il vit souvent de manière passive ? Se reconnaît-il dans sa nouvelle forme ? Garde-t-il son identité, son essence ? la conscience de soi ? Actéon, tel que le raconte Ovide, conserve son âme d'homme dans son nouveau corps de cerf, et ne parvient pas à se faire entendre de ses chasseurs. Arachné, quant à elle, si elle change de forme, ne change pas d'activité. Callisto, transformée en ourse, tremble d'effroi devant ses congénères, par habitude de son ancien état. Une fois Daphné transformée en laurier, Apollon « sent encore le cœur palpiter sous l'écorce nouvelle », écrit le poète. La métamorphose, si elle touche l'apparence, influe bien plus profondément sur l'essence. Après la métamorphose, que se passe-t-il ? Demeure-t-on dans sa nouvelle forme ? S'y adapte-t-on ? Ou la métamorphose, réversible, n'est-elle que l'expérience d'un moment ?

Apulée

L'Âne d'or (ou Les Métamorphoses) est une fable satirique et morale qui vise à dénoncer la curiosité. Lucius, curieux de pénétrer les mystères de la magie, s'y frotte… et se retrouve transformé en âne. Lucius raconte ici les pouvoirs extraordinaires de la déesse Pamphilé, qui se transforme sous ses yeux en hibou.

C'EST MAGIQUE !

Et voici la scène dont je fus témoin. Après s'être d'abord complètement dévêtue, Pamphilé ouvrit un coffret et y prit plusieurs boîtes, ôta le couvercle de l'une d'entre elles, en tira une pommade dont, en se frottant longuement avec ses mains, elle s'oignit tout le corps, du bout des ongles au sommet de la tête ; puis, à la suite d'un long conciliabule avec sa lampe, elle agite ses membres d'un mouvement saccadé. Et, tandis qu'ils battent l'air doucement, on voit onduler peu à peu un moelleux duvet, croître de fortes plumes, se durcir un nez recourbé, s'épaissir des ongles crochus. Pamphilé devient hibou. Alors, avec un cri plaintif et pour s'essayer, elle se soulève de terre par bonds progressifs, puis bientôt s'élance dans les airs et, à tire-d'aile, s'éloigne.

Pamphilé, par ses artifices magiques, s'était métamorphosée volontairement ; moi, sans charme ni incantation, ce qui venait de se passer sous mes yeux suffisait à me figer dans une telle stupeur qu'il me semblait être tout au monde plutôt que Lucius, tant, ravi à moi-même et hébété jusqu'à la démence, je rêvais tout éveillé ; et je restai longtemps à me frotter les paupières pour m'assurer que ce n'était pas un songe.

Les Métamorphoses, III, § 21-22

HOMÈRE
VIIIe s. av. J.-C.

VIRGILE
Ier s. av. J.-C.

CLAUDIEN
Ve s. ap. J.-C.

Homère

Ménélas raconte à Télémaque une aventure qui lui est arrivée quand il était captif en Égypte : comment, avec l'aide d'Idothée, la propre fille de Protée, il a forcé le dieu marin, réputé posséder un vaste savoir, à lui révéler qui le retenait captif et comment s'échapper. Usant de ruse, il a pris le Vieillard de la mer à son propre piège, en se glissant dans l'armée de phoques qui obéit au dieu... Animal très répandu en Méditerranée, qui fascine les Grecs, le phoque se rencontre souvent dans la littérature. Amphibie – vivant entre terre et mer –, à la fois poisson et mammifère terrestre, il est exemplaire d'une figure hybride, intrigante car inclassable.

LES RUSES DU VIEILLARD DE LA MER

MÉNÉLAS. – Alors conseille-moi !... quelle embûche dresser à ce vieillard divin ? Il fuira, s'il me voit de loin ou me devine : mettre un dieu sous le joug, c'est assez malaisé pour un simple mortel.

Je dis. Elle reprend, cette toute divine :

IDOTHÉE. – Quand le soleil, tournant là-haut, touche au zénith, on voit sortir du flot ce prophète des mers : au souffle du Zéphyr, qui rabat les frisons de sa noire perruque, il monte et va s'étendre au creux de ses cavernes ; en troupe, autour de lui, viennent dormir les phoques de la Belle des Mers, qui sortent de l'écume, pataugeant, exhalant l'âcre odeur des grands fonds. Je t'emmène là-bas dès la pointe de l'aube ; je vous poste et vous range ; à toi de bien choisir sur les bancs des vaisseaux trois compagnons d'élite. Mais je dois t'enseigner tous les tours du Vieillard. En parcourant leurs rangs, il va compter ses phoques ; quand il en aura fait, cinq par cinq, la revue, près d'eux il s'étendra, comme dans son troupeau d'ouailles un berger. C'est ce premier sommeil que vous devez guetter. Alors ne songez plus qu'à bien jouer des bras ; tenez-le quoi qu'il tente : il voudra s'échapper, prendra toutes les formes, se changera en tout ce qui rampe sur terre, en eau, en feu divin ; tenez-le sans mollir ! donnez un tour de plus !… Mais, lorsqu'il en viendra à te vouloir parler, il reprendra les traits que vous lui aurez vus en son premier sommeil ; c'est le moment, seigneur ; laissez la violence, déliez le Vieillard, demandez-lui quel dieu vous crée des embarras.

À ses mots, sous la mer écumante, elle plonge et je rentre aux vaisseaux échoués dans les sables. J'allais : que de pensées bouillonnaient en mon cœur ! Je reviens au croiseur ; je descends à la plage ; nous prenons le souper, puis, quand survient la nuit divine, nous dormons sur la grève de mer.

Mais sitôt que paraît dans son berceau de brume l'Aurore aux doigts de roses, je repars en disant mainte prière aux dieux ; j'emmenais avec moi trois de mes compagnons, en qui je me fiais pour n'importe quel coup. La nymphe, ayant plongé au vaste sein des ondes, en avait rapporté, pour la ruse qu'elle ourdissait contre son père, les peaux de quatre phoques, fraîchement écorchés, puis elle avait creusé dans le sable nos lits. Assise, elle attendait. Nous arrivons enfin, et nous voici près d'elle. Elle nous fait coucher côte à côte et nous jette une peau sur chacun. Ce fut le plus vilain moment de l'embuscade : quelle terrible gêne ! ces phoques, nourrissons de la mer, exhalaient une mortelle odeur… Qui prendrait en son lit une bête marine ?… Mais, pour notre salut, elle avait apporté un cordial puissant : c'était de l'ambroisie, qu'à chacun, elle vint nous mettre sous le nez ; cette douce senteur tua l'odeur des monstres…

Tous les matins, nous attendons ; rien ne nous lasse : les phoques en troupeau sont sortis de la mer ; en ligne, ils sont venus se coucher sur la grève. Enfin, voici midi : le Vieillard sort du flot. Quand il a retrouvé ses phoques rebondis, il les passe en revue : cinq par cinq, il les compte, et c'est nous qu'en premier il dénombre, sans rien soupçonner de la ruse… Il se couche à son tour. Alors, avec des cris, nous nous précipitons ; toutes nos mains l'étreignent. Mais le Vieux n'oublie rien des ruses de son art. Il se change d'abord en lion à crinière, puis il devient dragon, panthère et porc géant ; il se fait eau courante et grand arbre à panache. Nous, sans mollir, nous le tenons ; rien ne nous lasse, et, quand il est au bout de toutes ses magies, le voici qui me parle, à moi, et m'interroge :

PROTÉE. – De quel dieu, fils d'Atrée, suivis-tu le conseil pour me forcer ainsi et me prendre au piège ? Que veux-tu maintenant ?

Odyssée, IV, 410-464

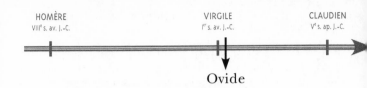

HOMÈRE
VIIIe s. av. J.-C.

VIRGILE
Ier s. av. J.-C.

CLAUDIEN
Ve s. ap. J.-C.

Ovide

Protée est ici donné en exemple de métamorphoses extraordinaires, qui attestent de la puissance des dieux. L'adjectif protéiforme *inscrit dans la langue française le souvenir de cette prodigieuse nature.*

LE DIEU QUI PRENAIT TOUTES LES FORMES

[Thésée] désirait être instruit des miracles accomplis par les dieux. Alors le fleuve de Calydon, appuyé sur son coude, lui adressa la parole en ces termes : « Il y a des corps, ô vaillant héros, qui, métamorphosés une fois, ont conservé leur nouvelle forme ; il en est d'autres qui ont le privilège de revêtir successivement plusieurs figures, toi, par exemple, Protée, habitant de la mer qui entoure la terre de ses bras. Car on t'a vu tantôt jeune homme, tantôt lion ; un jour tu étais un sanglier furieux, une autre fois un serpent dont on redoutait le contact, ou bien encore un taureau armé de cornes ; souvent on pouvait te prendre pour une pierre, souvent aussi pour un arbre ; parfois, empruntant l'aspect d'une eau limpide, tu étais un fleuve, parfois une flamme ennemie de l'onde. »

Les Métamorphoses, VIII, 725-737

HOMÈRE
VIIIᵉ s. av. J.-C.

VIRGILE
Iᵉʳ s. av. J.-C.

CLAUDIEN
Vᵉ s. ap. J.-C.

Lucien

Les métamorphoses doivent-elles être proportionnées à l'aspect d'origine ? C'est ce qu'interroge Lucien avec la figure de Protée, qui apparaît capable de prendre des formes très éloignées de sa nature et, ainsi, défie l'entendement.

PROTÉE-PRODIGE

MÉNÉLAS. – Que tu te changes en eau, Protée, je veux bien le croire, tu es un dieu marin ; en arbre même, cela passe encore ; plus encore : que tu te transformes en lion, cela n'est pas tout à fait hors de créance ; mais que tu deviennes du feu, toi, un habitant de la mer, voilà qui est étonnant, et dont je doute.

PROTÉE. – N'en sois pas étonné, Ménélas : il en est ainsi.

MÉNÉLAS. – Oui, je l'ai vu moi-même. Mais il me semble, entre nous, que tu uses de prestige en cette affaire, que tu fascines les yeux des regardants, sans devenir réellement ce que tu parais être.

PROTÉE. – Et quelle fascination peut-il y avoir dans des choses si manifestes ? N'as-tu pas vu de tes yeux bien ouverts en quelles formes je me suis changé ? Si tu n'y crois pas, s'il te semble que ce soit une pure illusion, un vain fantôme qui apparaît à tes regards, approche la main de moi, mon brave, lorsque je suis changé en feu : tu verras si je n'en ai que l'apparence ou si j'ai bien alors le pouvoir de brûler.

MÉNÉLAS. – L'expérience, Protée, n'est pas très sûre.

Protée. – Tu n'as donc jamais vu de polypes, Ménélas, et tu ne connais pas les propriétés de ce poisson ?

MÉNÉLAS. – Oui, c'est vrai, j'ai vu des polypes, mais je serais charmé d'apprendre de toi quelles en sont les propriétés.

PROTÉE. – À quelque rocher qu'ils viennent agripper leurs pattes ou se coller avec leurs bras, ils se rendent semblables à lui, quittent leur couleur naturelle pour prendre celle du rocher et trompent ainsi les pêcheurs par une ressemblance qui les assimile entièrement à la pierre.

MÉNÉLAS. – On dit cela : mais ce que tu fais est bien plus incroyable, Protée.

PROTÉE. – Je ne sais, Ménélas, qui tu croiras, si tu n'en crois pas tes yeux.

MÉNÉLAS. – Oui, je l'ai vu et revu, mais c'est un prodige inconcevable qu'un même être soit à la fois feu et eau.

Dialogues marins

Ovide

Thétis est une Néréide, nymphe marine qui, tout comme Protée, a le pouvoir de changer d'apparence. Pélée, roi de Phtie en Thessalie, l'enlève pour la forcer à l'épouser. Mais elle se dérobe en se métamorphosant. Le centaure Chiron, qui a élevé Pélée, lui explique comment parvenir à contrer ce pouvoir. L'enlèvement de Thétis par Pélée est une scène souvent représentée par les artistes de l'Antiquité : plusieurs amphores montrent des bêtes sauvages sortant du corps de Thétis pour attaquer Pélée – exemples assez rares de représentation visuelle du déroulé d'une métamorphose. Le corps de la femme devient lui-même hybride, monstrueux, féroce quand elle se livre à des métamorphoses de défense qui vont contre sa nature considérée comme passive.

UNE FEMME LIBÉRÉE

Il est en Hémonie un golfe qui étend au loin ses bras courbés comme une faucille ; si l'eau y était plus profonde, on en eût fait un port ; mais c'est à peine si la mer y baigne la surface des sables ; le rivage en est assez ferme pour ne point garder la trace des pas ni retarder la marche ; il n'est jamais couvert d'algues flottantes. Près de là est un bois de myrtes chargés de baies de deux couleurs. Au milieu s'ouvre une grotte ; est-elle l'ouvrage de la nature ou bien de l'art ? On ne sait ; pourtant elle est plutôt celui de l'art. Souvent, Thétis, tu y venais nue, portée sur un dauphin qui obéissait à ton frein. Un jour que, cédant au sommeil, tu t'y étais couchée, Pélée te surprend et, comme tu résistes à ses instantes prières, il s'apprête à te faire violence, ses deux bras noués autour de ton cou ; si tu n'avais eu recours à tes artifices ordinaires en changeant plusieurs fois de figure, il serait venu à bout de son audacieux dessein. Étais-tu un oiseau ?

Pélée n'en retenait pas moins l'oiseau prisonnier ; un arbre pesant ? il enfermait l'arbre dans son étreinte. La troisième forme que tu pris fut celle d'une tigresse à la peau rayée ; épouvanté cette fois, le fils d'Éaque détacha ses bras de ton corps.

Aussitôt, pour honorer les dieux de la mer, il répand du vin sur les flots, il brûle la chair d'une brebis et fait fumer l'encens. Enfin, du milieu de l'abîme, le devin de Carpathos[1] lui parle ainsi : « Fils d'Éaque, tu jouiras de l'union à laquelle tu aspires ; tu n'as qu'à surprendre Thétis quand tu la verras reposer endormie entre les rudes parois de son antre ; alors, sans qu'elle s'en doute, emprisonne-la dans un réseau de liens fortement attachés. Ne te laisse pas tromper par les cent figures diverses qui la déguiseront à tes yeux ; mais tiens-la serrée, quelle que soit sa forme, jusqu'à ce qu'elle ait repris sa forme primitive. » Protée avait dit ; il replongea son visage dans la mer et laissa les flots de son domaine recouvrir ses dernières paroles. Le Titan penché en avant venait de faire toucher la mer d'Hespérie à son timon incliné, quand la belle Néréide, ayant regagné son rocher, pénétra dans l'asile où l'attendait sa couche accoutumée. Pélée n'a pas encore étreint complètement son corps virginal que déjà elle passe d'une métamorphose à une autre ; à la fin elle s'aperçoit que ses membres sont entourés de liens, ses bras tendus en sens contraires ; alors elle gémit : « Ce ne peut être, dit-elle, que par la volonté des dieux que tu triomphes. » Et elle redevient Thétis ; entendant cet aveu, le héros l'entoure de ses bras, il prend possession de celle qu'il aime et la rend mère du grand Achille.

Les Métamorphoses, XI, 229-265

1. Protée. Carpathos est une île située entre la Crète et Rhodes.

Ovide ouvre son poème Les Fastes *par l'évocation du dieu de janvier : Janus, le dieu au double visage. Janus est un médiateur : l'un de ses visages est tourné vers les dieux, l'autre vers les hommes.*

JANUS AU DOUBLE VISAGE

Mais quel dieu dirai-je que tu es, Janus à la double forme ? car la Grèce n'a aucune divinité qui te soit comparable. Révèle-moi aussi pour quelle raison, seul des dieux du ciel, tu vois ce qui est derrière ton dos et ce qui est devant toi. Comme je méditais ainsi, tablettes en main, ma demeure me parut plus lumineuse qu'auparavant. Alors le divin Janus, prodigieux avec son image à deux têtes, offrit soudain à mes yeux ses deux visages. Épouvanté, je sentis mes cheveux se dresser de terreur, et un froid subit glaçait mon cœur. Lui, tenant un bâton de la main droite et une clef de la gauche, m'adressa ces paroles, de sa bouche qui me faisait face : « N'aie pas peur, chantre laborieux des jours, apprends ce que tu veux savoir et ouvre ton esprit à mes paroles. Les anciens m'appelaient Chaos – car je suis chose antique – ; vois à quel lointain passé remonte mon récit ! Cet air limpide et les trois autres éléments, le feu, l'eau et la terre, ne formaient qu'un seul amas. Mais quand cette masse se dissocia, par suite de la discorde de ses parties, et que, désagrégée, elle gagna de nouvelles demeures, la flamme s'élança vers le haut, l'air occupa la région voisine, la terre et la mer se fixèrent au centre. C'est alors que moi, qui n'étais naguère qu'une boule, une masse informe, je pris un aspect et des membres dignes d'un dieu. Aujourd'hui encore, faible vestige de mon apparence jadis confuse, ma face antérieure et ma face postérieure ont le même aspect. Apprends l'autre raison de cette conformation dont tu t'enquiers, afin que du même coup tu connaisses aussi mon office. Tout ce que tu vois de toutes parts, le ciel, la mer, les nuages, les terres, tout est fermé et ouvert par ma main. C'est à moi seul qu'est confiée la garde du vaste monde, et le droit de le faire tourner sur son axe n'appartient qu'à moi. Quand j'ai décidé de laisser sortir la Paix de sa paisible demeure, elle marche librement sur des routes sans obstacles ; le monde entier sombrerait dans un carnage sanglant, si de solides verrous ne tenaient les guerres emprisonnées. Je garde la porte du ciel, en compagnie des douces Heures[2] ; pour sortir et pour rentrer Jupiter lui-même a besoin de mes services. C'est pourquoi on m'appelle Janus ; mais quand le prêtre m'offre un gâteau de froment et de la farine mêlée de sel, tu riras de mes noms, car il m'invoque rituellement, tantôt comme *Patulcius*, tantôt comme *Clusius*[3]. C'est ainsi que la fruste antiquité a voulu signifier par l'alternance de ces deux noms la diversité de mes fonctions. Je t'ai exposé mon pouvoir ; apprends maintenant la raison de ma forme, encore que tu la connaisses déjà partiellement. Toute porte a deux faces, l'une d'un côté, l'autre de l'autre ; celle-ci regarde les passants, celle-là le dieu Lare ; comme votre portier, assis près du seuil de votre demeure, voit les sorties et les entrées, ainsi moi, portier de la céleste cour, je regarde à la fois l'Orient et l'Occident. Tu vois les visages d'Hécate, tournés dans trois directions, afin de garder aux carrefours la croisée de trois routes : moi aussi, pour ne pas perdre mon temps à tourner la tête, j'ai le pouvoir de regarder dans deux directions sans bouger le corps. »

Les Fastes, I, 89-144

---

2. Gardiennes de l'Olympe.
3. « Celui qui ouvre » et « Celui qui ferme ».

III

VENGEANCE, PUNITION, RÉCOMPENSE

Dans la mythologie, les métamorphoses sont le résultat d'une confrontation, le plus souvent brutale, des hommes et des dieux. Expression de leur puissance, les métamorphoses sont une manière pour les dieux de *former* les hommes : de les transformer à leur gré, de les modeler à leurs désirs. Et de les punir s'ils ne s'y soumettent pas. Ou encore, plus rarement, de les récompenser pour leurs actions, en leur permettant d'atteindre à une nouvelle identité par une nouvelle forme.

Y a-t-il une fatalité de la métamorphose ? Qui se métamorphose, et pourquoi ? La fatalité frappe les beaux garçons et les belles filles, qui meurent jeunes. Elle frappe les femmes et les hommes élus par les dieux pour se soumettre à leurs désirs. Elle frappe les amours contre nature – incestueuses, homosexuelles – que parfois Vénus pardonne et répare. Le plus souvent forcées, imposées par les dieux aux mortels, les métamorphoses sont parfois désirées par ces derniers, pour changer le cours de leur vie, et transcender leur humaine condition.

La métaphore de la digestion est fondamentale : par la métamorphose, l'homme est dépouillé de son identité – violence de la dévoration. Puis son ancienne forme est digérée par la nouvelle. Ce processus créateur ouvre le mortel à une autre forme dans laquelle il se réinvente. Dans laquelle il survit – ou revit.

SE VENGER ET PUNIR

La métamorphose imposée est une violence. Elle prive l'individu de ce qui le constitue en propre : sa forme, cet être-au-monde primordial de l'homme, qui ne vit qu'incarné. Or cette forme est bien plus qu'une apparence : elle est constitutive de son identité ; elle lui permet de se définir. La métamorphose le prive aussi des attributs qui découlent de l'identité : sa puissance, sa force, ses moyens d'action sur le monde. La métamorphose déconnecte l'individu de lui-même : il ne s'appartient plus, ne se reconnaît plus, ni n'est reconnu par les autres. Les chiens dévorent Actéon, qui en criant ne fait que bramer comme un cerf. Le cerf a pourtant gardé l'âme du chasseur, mais sa forme fait obstacle. Les récits de métamorphoses font apparaître la forme comme une frontière entre le visible et l'invisible, l'extérieur et l'intérieur, l'action dans le monde et la psychologie. Ainsi, changer la forme, c'est changer l'être.

Les métamorphoses constituent souvent un instrument de vengeance : c'est l'arme des victimes, qui par là reprennent le pouvoir, l'ascendant sur le cours de leur vie. Vengeance des femmes sur les hommes – telle Procné vengeant le viol de sa sœur Philomèle ; réparation d'une injustice. Ou encore punition divine des mortels qui n'ont pas honoré les dieux. Ces métamorphoses privent l'homme de ce par quoi il s'est rendu coupable – le violeur est émasculé – ou de ce qui le constitue en propre – le chasseur devient proie. Ne pouvant défaire le destin, la victime défait son agresseur, le mutile, en l'atteignant dans ce qu'il a de plus intime : son apparence physique. On assiste

à la naissance d'un thème qui traversera toute la littérature – sinon toutes les sociétés : la défiguration du
coupable par sa victime. La métamorphose est pour la
victime une juste réparation ; bien plus : une renais-
sance. Quant au coupable, transformé, son statut de
coupable s'inscrit à jamais dans sa chair, et dans son
identité.

HOMÈRE
VIIIe s. av. J.-C.

VIRGILE
Ier s. av. J.-C.

CLAUDIEN
Ve s. ap. J.-C.

Hygin

Cette variante féminine de l'histoire d'Actéon, le chasseur transformé en cerf (voir p. 177), est emblématique de la métamorphose sanctionnant une offense. Elle surprend néanmoins par sa brièveté : la punition, d'ordre divin, ne se discute pas, et n'appelle aucun commentaire du poète.

OÙ TU IRAS J'IRAI

Alors qu'elle poursuivait un cerf, la chasseresse Argé passe pour avoir dit à un cerf : « Ta course dût-elle être celle du Soleil, je te suivrai. » Le Soleil irrité la changea en biche.

Fables, CCV, « Argé »

Antoninus Liberalis

Hiérax aide les hommes à combattre la famine causée par Poséidon ; celui-ci se venge. Cette histoire fait partie des nombreuses légendes d'hommes métamorphosés en oiseaux, qui sont alors haïs des autres oiseaux. Dans les métamorphoses de punition, les changements de forme et d'espèce, de l'humanité vers l'animalité, s'accompagnent souvent, comme ici, d'un changement de caractère.

FAUCON VIOLENT

Au pays des Mariandyniens vécut Hiérax, homme juste et distingué. Il fonda des sanctuaires en l'honneur de Déméter, qui lui accorda d'excellentes récoltes. Mais comme les Teucriens n'offraient pas de sacrifices à Poséidon le moment venu, mais les omettaient par négligence, le dieu en fut fâché, détruisit les fruits de Déméter et fit sortir des flots un monstre funeste qu'il lança contre les Teucriens. Ceux-ci, ne pouvant résister au monstre marin et à la famine, envoyaient messages sur messages à Hiérax et le suppliaient de les sauver de la disette ; lui, leur faisait parvenir de l'orge, du froment et d'autres vivres. Mais Poséidon, courroucé de voir Hiérax abolir ses honneurs, lui donna la forme de l'oiseau qui encore maintenant porte le nom de faucon et, en le faisant disparaître d'entre les hommes, il lui modifia le caractère : alors que les hommes avaient pour lui la plus grande affection, il le fit détester des oiseaux, et, lui qui avait empêché de mourir bien des gens, il lui fit tuer un très grand nombre d'oiseaux.

Les Métamorphoses, III, « Hiérax »

Galinthias a dû tromper les déesses pour délivrer son amie Alcmène, que celles-ci empêchaient d'accoucher d'Héraclès. Elles l'en punissent.

UNE AIDE QUI COÛTE CHER

À Proïtos il naquit une fille à Thèbes, Galinthias. Cette vierge était la camarade de jeu et la compagne d'Alcmène, fille d'Électryon. Alcmène était sur le point de mettre au monde Héraclès, mais les Moires et Ilithyie, pour faire plaisir à Héra, la retenaient dans les douleurs. Elles se tenaient assises, les mains enlacées ; Galinthias, craignant que les douleurs ne rendissent son amie folle, accourut vers les Moires et Ilithyie, pour leur annoncer que, par la volonté de Zeus, Alcmène avait mis au monde un garçon, et que leurs privilèges avaient été abolis. À cette nouvelle, les Moires, frappées de stupeur, levèrent d'un seul coup les mains, et Alcmène, délivrée immédiatement de ses douleurs, donna le jour à Héraclès. Les Moires en éprouvèrent du dépit et privèrent Galinthias de sa nature de femme parce que, mortelle, elle avait trompé les dieux ; elles la transformèrent en une belette rusée, la firent gîter dans des celliers et rendirent son approche hideuse ; en effet, elle conçoit par les oreilles et donne naissance à son petit en le vomissant par la gorge. Ce changement d'aspect éveilla la pitié d'Hécate qui fit de cette bête sa servante sacrée. Devenu grand, Héraclès se souvint du service qu'elle lui avait rendu : il érigea une statue de Galinthias auprès de sa maison et lui offrit des sacrifices. Les Thébains gardent le souvenir de cette cérémonie encore de nos jours et, avant la fête d'Héraclès, ils offrent en premier lieu un sacrifice à Galinthias.

Les Métamorphoses, **XXIX**, « Galinthias »

Polyphonté et ses enfants sont victimes de la colère d'Aphrodite. Cette légende illustre le thème de l'hybris, l'orgueil démesuré, puni. Ici, les transformations reproduisent les caractères originels des protagonistes.

ORGUEIL PUNI

Thrassa, fille d'Arès et de Téreiné, elle-même fille de Strymon, épousa Hipponoos, fille de Triballos. De ce mariage naquit une fille nommée Polyphonté. Celle-ci dédaigna les œuvres d'Aphrodite, alla dans la montagne et se fit la compagne d'Artémis et sa camarade de jeu. Aphrodite, dont Polyphonté avait méprisé les œuvres, lui inspira une passion pour un ours et l'en rendit folle. Et Polyphonté saisie, par la volonté divine, d'un transport furieux s'unit à l'ours. Artémis la vit et, prise d'une horreur extrême, déchaîna contre elle toutes les bêtes féroces. De peur d'être tuée par ces bêtes, Polyphonté prit la fuite et se réfugia chez son père, où elle mit au monde deux enfants, Agrios et Oreios[1] ; c'étaient des géants doués d'une force prodigieuse, mais ils n'honoraient ni les dieux ni les hommes et usaient de violence contre tout le monde. Toutes les fois qu'ils rencontraient un étranger, ils l'emmenaient de force chez eux et le dévoraient. Zeus finit par les prendre en horreur et envoya Hermès leur infliger un châtiment dont il lui laissait le choix. Hermès songea à leur couper les pieds et les mains ; mais Arès, auquel remontait la famille de Polyphonté, voulut les soustraire à ce destin et, de concert avec Hermès, il les transforma en oiseaux. Polyphonté devint une sorte de hibou qui fait entendre ses cris la nuit, ne mange pas, ne boit pas et tient sa tête tournée en bas et ses pattes en haut. Cet oiseau est un présage de guerre et de sédition pour les

---

1. L'Agreste (ou le Sauvage) et le Montagnard.

hommes. Oreios devint un *lagos*[2] qui ne présage rien de bon ; Agrios devint un vautour, l'oiseau de tous le plus détesté des dieux et des hommes ; Hermès et Arès lui inspirèrent un désir insatiable de la chair et du sang des hommes. Quant à leur servante, ils la transformèrent en pic-vert : elle leur avait demandé lors de sa métamorphose de devenir un oiseau favorable aux hommes. Hermès et Arès exaucèrent sa prière parce que c'est par contrainte qu'elle avait exécuté les ordres de ses maîtres. Cet oiseau offre à ceux qui se rendent à la chasse et aux festins des présages favorables.

Les Métamorphoses, XXI, « Polyphonté »

2. Rapace.

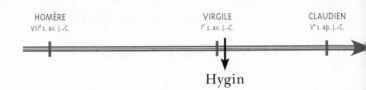

HOMÈRE
VIIIᵉ s. av. J.-C.

VIRGILE
Iᵉʳ s. av. J.-C.

CLAUDIEN
Vᵉ s. ap. J.-C.

Hygin

La métamorphose intervient en punition d'une double injure faite aux dieux : l'ingratitude envers Vénus qui a permis une victoire ; et la profanation, par un acte sexuel, d'un sanctuaire.

COURIR À SA PERTE

Schoenée avait avec Atalante, dit-on, une fille vierge d'une grande beauté qui, par sa valeur, battait les hommes à la course. Elle demanda à son père de la conserver vierge. Comme nombreux étaient ceux qui la demandaient en mariage, son père décida donc d'une épreuve : qui voudrait l'épouser devrait d'abord se mesurer à elle dans une course, avec un but déterminé ; il était prévu qu'il courrait, ainsi, devant, sans armes, et qu'elle le poursuivrait avec un javelot ; après l'avoir suivi, avant d'arriver au but, elle le tuerait et planterait sa tête dans le stade. Après les avoir pour la plupart battus et tués, elle fut finalement vaincue par Hippoménès, fils de Mégarée et de Méropé. Celui-ci avait en effet reçu de Vénus trois pommes d'une très grande beauté, et avait été instruit de l'usage à en faire. En les jetant, au milieu de l'affrontement, il mit un frein à l'élan de la jeune fille. À les ramasser et à s'extasier devant cet or, elle ralentit et laissa la victoire au jeune homme. Schoenée, pour son ingéniosité, lui donna bien volontiers sa fille pour épouse. En la menant dans sa patrie, il oublia qu'il devait sa victoire à Vénus et, alors qu'il sacrifiait à Jupiter vainqueur, enflammé de désir, il coucha avec elle à l'intérieur du sanctuaire ; pour cette raison, Jupiter les changea en lionne et en lion, auxquels les dieux refusent l'union amoureuse.

Fables, CLXXXV, « Atalante »

Niobé est prise dans une querelle de couple.

AMOUR VACHE

De Phoronée et de Cinna naquirent Apis et Niobé, qui fut la première mortelle dont s'éprit Jupiter ; d'elle naquit Argus, qui donna son nom à la ville d'Argos [...]. Jupiter s'éprit d'elle, l'étreignit et la changea en vache, afin que Junon ne pût la reconnaître. Dès que Junon eut appris cela, elle lui envoya Argus, à qui des yeux brillaient sur tout le corps, pour gardien ; Mercure, sur l'ordre de Jupiter, le tua. Mais Junon la terrifia, et la contraignit, sous l'effet de la peur, à se jeter dans la mer, qui reçut le nom d'Ionienne. De là elle nagea jusqu'en Scythie, ce qui valut au pays le nom de Bosphore[1], et en Égypte, où elle donna naissance à Épaphus. Quand il sut que par sa faute elle avait subi tant d'épreuves, Jupiter lui rendit sa forme première et en fit, pour les Égyptiens, une déesse, qu'on appelle Isis.

Fables, CXLV, « Niobé, ou Io »

---

1. *Bos phoros*, étymologiquement « le passage de la vache ».

HOMÈRE
VIII⁰ s. av. J.-C.

VIRGILE
I⁰ˢ s. av. J.-C.

CLAUDIEN
V⁰ s. ap. J.-C.

Apulée

Photis, l'assistante de la magicienne Pamphilé, réalise par vengeance des transformations contre nature.

UNE FEMME QUI SAIT SE FAIRE RESPECTER

Un de ses amants avait eu l'imprudence de lui faire une infidélité : d'un seul mot elle le changea en castor, afin qu'il eût le sort de cet animal sauvage, qui, par crainte de la captivité, se coupe les parties génitales pour se délivrer des chasseurs. Un cabaretier voisin et qui, pour cette raison, lui faisait concurrence, fut changé par elle en grenouille ; maintenant, le vieux nage dans un tonneau, et, plongé dans la lie, il salue poliment de coassements rauques ceux qui jadis venaient boire son vin. Une autre fois, ce fut un avocat qui avait parlé contre elle : elle le transforma en bélier, et maintenant voilà un bélier qui plaide. La femme d'un de ses amants s'était permis contre elle quelques railleries un peu vives ; cette femme était enceinte : elle emprisonna dans son sein le fruit qu'elle portait, en ralentit le développement, la condamna à une grossesse perpétuelle : et voilà huit ans, au compte de chacun, que la malheureuse traîne son fardeau, le ventre tendu, comme si elle allait accoucher d'un éléphant.

Les Métamorphoses, I, § 9

EN RÉCOMPENSE

Consentant parfois à aider les hommes, les dieux les métamorphosent, leur permettant ainsi de dépasser leur condition de mortels. Moins nombreuses, les métamorphoses de récompense sont un cadeau des dieux aux hommes, qui leur transfèrent alors un peu de leur pouvoir. Si les dieux se font généreux, c'est encore pour eux une manière de montrer leur puissance. Ces métamorphoses de récompense ou de réparation prennent souvent place dans des fables, des récits édifiants qui ont une fonction morale : la métamorphose apparaît comme la conclusion d'un conte, ouvrant sur un nouvel ordre du monde.

La métamorphose agit comme une mort, la mort d'un premier état, donnant naissance à un autre état. Elle ouvre la possibilité d'une autre identité, et permet d'accéder à une autre vie. Même si elles sont souvent, pour l'homme, négatives, les métamorphoses sont aussi synonymes de seconde chance, quand les dieux soulagent les mortels de leur condition, et les libèrent d'une vie devenue un fardeau.

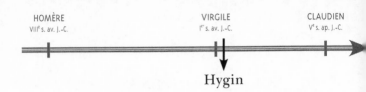

HOMÈRE
VIIIe s. av. J.-C.

VIRGILE
Ier s. av. J.-C.

CLAUDIEN
Ve s. ap. J.-C.

Hygin

La métamorphose est ici une manière qu'ont les dieux d'aider les mortels à vivre les épreuves qu'ils subissent.

BEAUTÉ FATALE

Nyctiméné, fille d'Épopée roi de Lesbos, était, dit-on, une vierge d'une très grande beauté ; Épopée, son père, brûlant d'amour pour elle, la viola. De honte, elle se cacha dans les forêts, où Minerve, prise de pitié, la transforma en chouette ; celle-ci, sous l'effet de la honte, ne sort pas le jour mais se voit la nuit.

Fables, CCIV, « Nyctiméné »

L'enfantement d'un monstre fait-il de sa mère un monstre, au point qu'elle soit classée parmi les parias ? C'est ici la mortelle elle-même qui implore les dieux de la métamorphoser pour soulager sa honte.

LA HONTE D'UNE MÈRE

Alors que Saturne cherchait Jupiter à travers le monde, il coucha en Thrace, sous la forme d'un cheval, avec Philyra, fille de l'Océan, qui enfanta ainsi le centaure Chiron, lequel, dit-on, inventa l'art de la médecine. Lorsqu'elle vit qu'elle avait enfanté une forme extraordinaire, Philyra demanda à Jupiter de changer sa forme ; elle fut alors changée en arbre Philyra, c'est-à-dire en tilleul.

Fables, CXXXVIII,
« Philyra, qui fut changée en tilleul »

HOMÈRE
VIIIᵉ s. av. J.-C.

VIRGILE
Iᵉʳ s. av. J.-C.

CLAUDIEN
Vᵉ s. ap. J.-C.

Antoninus Liberalis

Zeus a pitié de Smyrna (Myrrha chez Ovide, voir p. 147), coupable d'inceste malgré elle, et la soulage de sa honte en la transformant en arbre. La métamorphose permet d'échapper aux tourments liés à la condition de mortel.

L'ARBRE QUI CACHE LA HONTE

Sur le mont Liban, Théias, fils de Bélos, et la nymphe Orithyie eurent une fille, Smyrna. Pour sa beauté, une foule de prétendants venant de cités sans nombre cherchaient à l'épouser, mais celle-ci inventait mille prétextes pour tromper ses parents et différer ce moment ; c'est qu'un amour abominable l'avait rendue folle de désir pour son père. Au début, retenue par la pudeur, elle s'efforçait de dissimuler son mal ; mais comme la passion l'y poussait, elle s'en ouvrit à Hippolyté, sa nourrice. Celle-ci lui promit de lui fournir un remède contre sa passion insensée et alla raconter à Théias qu'une jeune fille de riche famille désirait s'introduire en secret dans sa couche. Théias, sans soupçonner ce qu'elle machinait contre lui, accepta la proposition. Et dans l'obscurité il attendit chez lui la jeune fille sur son lit ; la nourrice, dissimulant Smyrna sous son voile, la lui amena secrètement. Cet acte odieux et impie resta ignoré assez longtemps. Lorsque Smyrna fut enceinte, Théias fut pris du désir d'apprendre qui était la mère de son enfant ; il cacha une torche dans son appartement et, dès que Smyrna arriva auprès de lui, il sortit brusquement la torche et la reconnut ; Smyrna accoucha prématurément de son enfant et, levant les bras au ciel, elle implora une faveur : ne plus paraître ni parmi les vivants ni parmi les morts. Zeus la transforma en un arbre qu'il appela du même nom,

53

Smyrna (ou arbre à myrrhe). On raconte que chaque année cet arbre laisse couler de son bois des larmes de myrrhe. Et Théias, père de Smyrna, se donna la mort pour avoir commis cet acte impie ; quant à l'enfant, il fut élevé par la volonté de Zeus ; on l'appela Adonis. Pour sa beauté, Aphrodite l'aima extrêmement.

Les Métamorphoses, **XXXIV**, « Smyrna »

HOMÈRE
VIIIᵉ s. av. J.-C.

VIRGILE
Iᵉʳ s. av. J.-C.

CLAUDIEN
Vᵉ s. ap. J.-C.

Ovide

Jupiter et Mercure, déguisés, demandent l'hospitalité aux mortels... qui tous la leur refusent. Tous, sauf deux vieillards, Philémon et Baucis. Ce magnifique texte exprime la quintessence de la métamorphose comme genre littéraire : une scène frappante, picturale, avec des transformations multiples (du paysage, du statut − de la pauvreté à la richesse − et de l'humain au végétal) ; une fable exemplaire, au dénouement édifiant, qui, comme dans un conte, illustre la piété récompensée. Une véritable petite nouvelle, bien avant l'invention du genre.

UNIS À LA VIE, À LA MORT

Une aventure si merveilleuse avait ému tous les convives ; le fils d'Ixion raille leur crédulité ; comme il méprisait les dieux et qu'il était repli d'orgueil : « Ce sont des fables que tu nous racontes là, dit-il, Achéloüs ; tu attribues trop de puissance aux dieux, si tu crois qu'ils donnent et retirent aux corps leurs figures. » Tous furent frappés de stupeur et réprouvèrent un tel langage, surtout Lélex, dont l'âge avait mûri la raison. Il prit la parole en ces termes : « La puissance du ciel est immense, sans limites ; les dieux n'ont qu'à vouloir, la chose est faite. Voici qui mettra fin à tes doutes : il y a sur les collines de Phrygie, à côté d'un tilleul, un chêne entouré d'un petit mur ; j'ai vu ce lieu moi-même, lorsque Pitthée m'envoya vers les champs de Pélops, où son père avait régné jadis. Non loin de là est un étang, qui fut autrefois une terre habitable et dont les eaux n'ont plus pour hôtes aujourd'hui que des plongeons et des foulques[1], amis des marais. Jupiter y vint sous les traits d'un mortel ;

1. Deux espèces d'oiseaux aquatiques.

le petit-fils d'Atlas, le dieu qui porte le caducée, ayant déposé ses ailes, accompagnait son père. Dans mille maisons ils se présentèrent, demandant un endroit où se reposer ; dans mille maisons on ferma les verrous. Une seule les accueillit, petite il est vrai, couverte de chaumes et de roseaux des marécages ; mais dans cette cabane une pieuse femme, la vieille Baucis, et Philémon, du même âge qu'elle, se sont unis au temps de leur jeunesse ; dans cette cabane ils ont vieilli ; ils ont rendu leur pauvreté légère en l'avouant et en la supportant sans amertume. Inutile de chercher là des maîtres et des serviteurs ; ils sont toute la maison à eux deux ; eux-mêmes ils exécutent les ordres et ils les donnent.

» Donc, aussitôt que les habitants des cieux sont arrivés à ces modestes pénates et que, baissant la tête, ils en ont franchi l'humble porte, le vieillard les invite à se reposer et leur offre un siège, sur lequel Baucis attentive a jeté un tissu grossier. Ensuite elle écarte dans le foyer les cendres encore tièdes, elle ranime le feu de la veille, l'alimente avec des feuilles et des écorces sèches, et son souffle affaibli par l'âge en fait jaillir la flamme ; elle apporte de son hangar du bois fendu et des ramilles desséchées et les brise en menus morceaux qu'elle met sous un petit chaudron de bronze. Son mari était allé cueillir des légumes dans le jardin bien arrosé ; elle les dépouille de leurs feuilles ; puis, avec une fourche à deux dents, elle détache d'une noire solive, où il était suspendu, le dos enfumé d'un porc ; dans cette viande depuis longtemps conservée elle taille une tranche mince et la plonge, pour l'attendrir, dans l'eau bouillante. Cependant ils charment par leurs entretiens les instants qui séparent encore leurs hôtes du repas < et s'efforcent de leur épargner l'ennui de l'attente. Il y avait là un baquet de hêtre, suspendu à un clou par son anse recourbée ; on le remplit d'eau tiède, pour que les voyageurs puissent y réchauffer leurs membres. Au milieu de la pièce il y avait un matelas d'ulves[2] moelleuses, posé sur un lit dont le cadre et les pieds étaient en saule >. Ils secouent leur matelas garni des algues moelleuses du fleuve et posé sur un lit dont le cadre et les pieds étaient en saule. Ils le recouvrent d'un tapis qu'ils n'y étendaient que les jours de fête ; mais ce n'était encore qu'un vieux tapis sans valeur, digne d'un lit en bois de saule. Les dieux se couchent là-dessus. La vieille avait retroussé sa robe. Tremblante, elle place une table devant eux, mais une table qui sur ses trois pieds en avait un trop court ; avec un tesson elle le met au niveau des autres ; puis, quand ce soutien a supprimé l'inclinaison de la table et rétabli l'équilibre, elle l'essuie avec des menthes vertes. Elle y pose des baies de la chaste Minerve, de deux couleurs différentes, des cornouilles d'automne, conservées dans de la saumure liquide, des endives, des raiforts, du lait pressé en une masse compacte, des œufs retournés d'une main légère sous la cendre tiède, le tout servi sur des plats de terre. Ensuite on apporte un cratère ciselé dans le même argent et des coupes taillées dans le hêtre, dont les flancs creux sont enduits d'une cire dorée. Bientôt après arrivent du foyer les mets chauds. On emporte le vin, qui n'a pas pour lui une longue vieillesse, et on le met quelques instants à l'écart afin de faire place au second service. Alors paraissent des noix, des figues mêlées à des dattes ridées, des prunes, des pommes parfumées dans de larges corbeilles et des raisins cueillis sur des vignes aux feuilles de pourpre. Au milieu est un blanc rayon de miel ; mais à tout cela s'ajoute ce qui vaut mieux encore, des visages bienveillants et un accueil qui ne sent ni l'indifférence ni la pauvreté.

» Cependant les deux époux s'aperçoivent que le cratère bien souvent vidé se remplit tout seul et que le vin y remonte de lui-même ; ce prodige les frappe

2. Algues vertes.

d'étonnement et de crainte ; les mains levées vers le ciel, Baucis et Philémon alarmés récitent des prières ; ils s'excusent de ce repas sans apprêts. Ils avaient une oie, une seule, gardienne de leur humble cabane ; ils se disposent à l'immoler à leurs hôtes divins ; l'oiseau, grâce à ses ailes rapides, fatigue leurs pas alourdis par l'âge ; il leur échappe longtemps ; enfin ils le voient se réfugier auprès des dieux eux-mêmes. Ceux-ci défendent de le tuer : "Oui, disent-ils, nous sommes des dieux ; vos voisins subiront le châtiment que mérite leur impiété ; vous, vous serez exemptés de leur désastre ; quittez seulement votre toit, accompagnez nos pas et montez avec nous sur le sommet de la montagne." Tous deux obéissent et, appuyés sur des bâtons, ils gravissent avec effort la longue pente.

» Il leur restait, avant d'atteindre le sommet, à parcourir la distance que peut franchir une flèche une fois lancée ; en tournant les yeux, ils voient qu'un étang a tout englouti ; seule leur maison est encore debout. Tandis qu'ils s'étonnent de ce prodige, tandis qu'ils déplorent le sort de leurs voisins, cette vieille cabane, trop petite même pour ses deux maîtres, se change en un temple. Des colonnes ont remplacé ses poteaux fourchus ; le chaume jaunit et on voit apparaître un toit doré ; la porte est ornée de ciselures, des dalles de marbre couvrent le sol. Alors le fils de Saturne s'exprime ainsi avec bonté : "Vieillard, ami de la justice, et toi, digne épouse d'un juste, dites-moi ce que vous souhaitez." Après s'être entretenu un instant avec Baucis, Philémon fait connaître aux dieux leur choix commun : "Être vos prêtres et les gardiens de votre temple, voilà ce que nous demandons ; et, puisque nous avons passé notre vie dans une parfaite union, puisse la même heure nous emporter tous les deux ! puissé-je ne jamais voir le bûcher de mon épouse et ne pas être mis par elle au tombeau !"

» Leurs vœux se réalisèrent ; ils eurent la garde du temple aussi longtemps que la vie leur fut accordée.

Un jour que, brisés par l'âge, ils se tenaient devant les saints degrés et racontaient l'histoire de ce lieu, Baucis vit Philémon se couvrir de feuilles, le vieux Philémon vit des feuilles couvrir Baucis. Déjà une cime s'élevait au-dessus de leurs deux visages ; tant qu'ils le purent ils s'entretinrent l'un avec l'autre : "Adieu, mon époux ! Adieu mon épouse !" dirent-ils en même temps, et en même temps leurs bouches disparurent sous la tige qui les enveloppait. Aujourd'hui encore l'habitant du pays de Thynos montre deux troncs voisins, nés de leurs corps. Voilà ce que m'ont raconté des vieillards dignes de foi qui n'avaient aucun motif pour chercher à me tromper. Quant à moi, j'ai vu des guirlandes suspendues aux branches et j'en ai offert de fraîches, en disant : "Que les mortels aimés des dieux soient des dieux eux-mêmes ; à ceux qui furent pieux sont dus nos pieux hommages." »

Les Métamorphoses, VIII, 611-724

IV

CHANGER DE SEXE,
CHANGER DE GENRE

Qui n'a jamais rêvé, femme, de devenir homme ? homme, de devenir femme ? Les métamorphoses permettent l'impossible : transcender, transgresser son identité sexuelle. La métamorphose peut alors être vue comme hybris : sortir des bornes que la nature nous a attribuées, désirer être autre que les dieux nous ont faits, voilà une revendication d'émancipation qui mérite punition – ce sera la némésis, la juste colère ou réattribution de ce qui est dû.

La métamorphose imposée à l'homme est presque toujours un basculement dans un état inférieur – animal, végétal ou minéral. La transformation d'animaux en hommes, courante dans d'autres mythologies, est exceptionnelle dans les mythes grecs (on pense aux Myrmidons, qui proviennent des fourmis). Le changement de sexe est quant à lui clair : du féminin au masculin, il est positif ; l'inverse est toujours négatif.

Les métamorphoses végétales sont fortement sexuées et réparties en catégories claires : les femmes se changent en arbres, les hommes en fleurs – à l'opposé de notre perception moderne de la fleur féminine car fragile et de l'arbre viril. Les mythes se fondent sur les connaissances végétales du temps, sur lesquelles les poètes greffent leur imaginaire.

« Oh ! que ne puis-je me séparer de mon corps ! » s'écrie Narcisse chez Ovide. Le corps pèse. Il enferme. Ce sentiment demeure jusqu'à nos jours : la réassignation sexuelle pour rendre l'individu au genre auquel il se sent appartenir est une forme moderne de métamorphose.

TIRÉSIAS ET HERMAPHRODITE

Tirésias et Hermaphrodite incarnent le type même de la métamorphose de genre. Tirésias subit, à lui seul, une double transformation : d'homme en femme puis de femme en homme. Il connaît ainsi les particularités des deux sexes. Cette plasticité du genre est rare, dans un monde antique où la partition des genres est stricte et définit clairement les rôles sociaux. Hermaphrodite représente quant à lui – et ce jusqu'à nos jours, dans la langue même – la métamorphose par conjonction de deux entités complémentaires.

HOMÈRE
VIIIe s. av. J.-C.

VIRGILE
Ier s. av. J.-C.

CLAUDIEN
Ve s. ap. J.-C.

Apollodore

Cette œuvre tardive (d'environ 200 apr. J.-C.) fait la somme des récits mythologiques antérieurs en harmonisant les légendes. Apollodore explique notamment que Tirésias a perdu la vue en punition d'une faute : avoir vu Athéna nue. Callimaque, dans un Hymne, *écrit : « Malheureux, tu as vu la poitrine et les hanches d'Athéna », c'est-à-dire son corps de femme, sans les armes qui sont ses attributs de déesse de la guerre. Tout comme Actéon a vu Diane nue. Mais, en perdant la vue, Tirésias gagne le don de seconde vue : la divination. Aveugle, il se coupe du monde des mortels et sert dès lors d'intermédiaire entre hommes et dieux.*

JOUIR OU MOURIR

Il y avait à Thèbes un devin, Tirésias, fils d'Évèrès et de la nymphe Chariclo, descendant d'Oudaios, l'un des Spartes. Il avait perdu l'usage de ses yeux. Sur l'origine de sa cécité et de son don prophétique, les récits diffèrent. Les uns disent qu'il fut aveuglé par les dieux parce qu'il révélait aux hommes ce qu'ils voulaient leur cacher. Selon Phérécyde, il fut aveuglé par Athéna : Chariclo était très chère à Athéna < lacune >, et Tirésias vit la déesse complètement nue ; elle lui couvrit les yeux avec ses mains et lui ôta la vue ; Chariclo la pria de rendre à son fils l'usage de ses yeux ; la déesse n'avait pas le pouvoir de le faire, mais, purifiant les oreilles du jeune homme, elle le rendit capable de tout comprendre du langage des oiseaux, puis elle lui fit don d'un bâton de cornouiller à l'aide duquel il pouvait marcher comme les gens qui voient. Mais Hésiode dit que Tirésias vit, dans les parages du mont Cyllène, des serpents en train de s'accoupler et que, les ayant blessés, il fut changé d'homme en femme ; qu'il guetta à nouveau l'accouplement des mêmes serpents et redevint homme. Aussi Zeus et Héra, qui se disputaient pour savoir qui, des hommes et des femmes, jouit le plus dans la relation amoureuse, lui posèrent-ils la question. Il répondit que, si dans l'acte d'amour la somme du plaisir était égale à dix, la jouissance de l'homme était de un et celle de la femme de neuf. C'est pour cela qu'Héra l'aurait rendu aveugle et que Zeus lui aurait accordé le don de la divination.

Tirésias reçut aussi une vie chargée d'ans.

Bibliothèque, III, 69-72

HOMÈRE
VIIIe s. av. J.-C.

VIRGILE
Ier s. av. J.-C.

CLAUDIEN
Ve s. ap. J.-C.

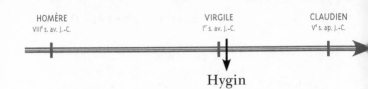

Hygin

Tirésias subit une métamorphose de deux ordres : de l'humain au divin, quand il perd la vue et acquiert le don de divination ; et de l'homme à la femme. Le féminin est pour les Grecs une terra incognita *: sa transformation en femme est mise sur le même plan que son acquisition de pouvoirs divins.*

POUR QUI SONT CES SERPENTS ?

Sur le mont Cyllène, le berger Tirésias, fils d'Évérès, frappa d'un bâton, ou piétina, dit-on, des serpents accouplés ; il fut pour cela changé en femme ; instruit ensuite par un oracle, il piétina des serpents au même endroit et retrouva sa forme ancienne. Au même moment éclata entre Jupiter et Junon une aimable dispute pour savoir qui de l'homme ou de la femme prenait le plus de plaisir dans l'amour ; ils choisirent à ce propos Tirésias comme arbitre, qui avait fait la double expérience. Comme il avait tranché en faveur de Jupiter, Junon, irritée, d'un revers de main l'aveugla, mais Jupiter fit alors en sorte qu'il vécût sept générations et fût, parmi les mortels, le plus grand devin.

Fables, LXXV, « Tirésias »

HOMÈRE
VIIIe s. av. J.-C.

VIRGILE
Ier s. av. J.-C.

CLAUDIEN
Ve s. ap. J.-C.

Ovide

Un « joyeux débat » : ainsi est qualifiée la dispute de Junon et Jupiter sur la question de savoir qui de l'homme ou de la femme connaît le plus grand plaisir sexuel. Ovide met en scène une dispute de couple qui n'a rien à envier à celles de Feydeau et de Labiche. Pourtant, la question est des plus sérieuses.

VOLUPTÉS

Tandis que ces événements s'accomplissaient sur la terre par la loi du destin et que le berceau de Bacchus, né deux fois, était à l'abri du danger, il arriva que Jupiter, épanoui, dit-on, par le nectar, déposa ses lourds soucis pour se divertir sans contrainte avec Junon, exempte elle-même de tout tracas : « Assurément, lui dit-il, vous ressentez bien plus profondément la volupté que le sexe masculin. » Elle le nie. Ils conviennent de consulter le docte Tirésias ; car il connaissait les plaisirs des deux sexes ; un jour que deux grands serpents s'accouplaient dans une verte forêt, il les avait frappés d'un coup de bâton ; alors (ô prodige !) d'homme il devint femme et le resta pendant sept automnes ; au huitième, il les revit : « Si les coups que vous recevez, leur dit-il, ont assez de pouvoir pour changer le sexe de celui qui vous les donne, aujourd'hui encore je vais vous frapper. » Il frappe les deux serpents ; aussitôt il reprend sa forme première et son aspect naturel. Donc, pris pour arbitre dans ce joyeux débat, il confirme l'avis de Jupiter ; la fille de Saturne en ayant éprouvé, à ce qu'on assure, un dépit excessif, sans rapport avec la cause, condamna les yeux de son juge à une nuit éternelle. Mais le père tout-puissant (car aucun dieu n'a le droit d'anéantir l'ouvrage d'un autre dieu), en échange de la lumière qui lui avait été ravie, lui accorda le don de connaître l'avenir et allégea sa peine par cet honneur.

Tirésias, dans les villes de l'Aonie, où s'était répandue partout sa renommée, donnait ses réponses infaillibles au peuple qui venait le consulter. La première qui fit l'épreuve de la vérité de ses oracles fut Liriope aux cheveux d'azur ; jadis le Céphise l'enlaça dans son cours sinueux et, la tenant enfermée au milieu de ses ondes, il lui fit violence. Douée d'une rare beauté, elle conçut et mit au monde un enfant qui dès lors était digne d'être aimé des nymphes ; elle l'appela Narcisse. Elle vint demander s'il verrait sa vie se prolonger dans une vieillesse avancée ; le devin, interprète de la destinée, répondit : « S'il ne se connaît pas. » Longtemps ce mot de l'augure parut vain ; il fut justifié par l'événement, par la réalité, par le genre de mort de Narcisse et par son étrange délire. Déjà à ses quinze années le fils du Céphise en avait ajouté une ; il pouvait passer aussi bien pour un enfant et pour un jeune homme ; chez beaucoup de jeunes gens, chez beaucoup de jeunes filles, il faisait naître le désir ; mais sa beauté encore tendre cachait un orgueil si dur que ni jeunes gens ni jeunes filles ne purent le toucher.

Les Métamorphoses, III, 316-355

La naïade Salmacis, amoureuse d'Hermaphrodite, veut s'unir à lui ; mais il se refuse à elle.

HERMAPHRODITE,
LE « FILS À LA DOUBLE FORME »

Ayant rejeté au loin tous ses vêtements, elle s'élance au milieu des eaux ; il se débat, mais elle le maintient et, malgré sa résistance, lui ravit des baisers ; elle glisse ses mains sous le jeune homme, atteint sa poitrine rebelle, l'enveloppe tantôt par un côté, tantôt par un autre. Enfin c'est en vain qu'il lutte et cherche à lui échapper ; elle l'enlace comme fait un serpent que l'oiseau souverain des dieux soutient et emporte au milieu des airs ; suspendu dans le vide, le reptile enchaîne la tête et les serres de l'aigle, et des replis de sa queue il entoure les ailes déployées ; tel le lierre embrasse le tronc des grands arbres [...]. Le descendant d'Atlas résiste toujours et refuse à la nymphe la joie qu'elle espère ; elle le presse, l'étreint de tout son corps et, s'attachant à lui étroitement : « Tu as beau te débattre, méchant, dit-elle, tu ne m'échapperas pas ; ô dieux, exaucez-moi ; faites que jamais ne vienne le jour qui nous éloignerait, lui de moi ou moi de lui ! » Cette prière eut les dieux pour elle ; leurs deux corps mêlés se confondent et revêtent l'aspect d'un être unique ; quand on rapproche deux rameaux sous la même écorce, on les voit se souder en se développant et grandir ensemble ; ainsi, depuis qu'un embrassement tenace les a unis l'un à l'autre, ils ne sont plus deux et pourtant ils conservent une double forme : on ne peut dire que ce soit là une femme ou un jeune homme ; ils semblent n'avoir aucun sexe et les avoir tous les deux. Donc, voyant que par l'effet de ces eaux limpides où il était descendu homme il n'est plus mâle qu'à moitié et que ses membres ont perdu leur vigueur, alors, tendant les mains, mais avec une voix qui n'avait plus rien de viril, Hermaphrodite s'écrie : « Accordez une grâce à votre fils, ô mon père, ô ma mère, vous qui lui avez donné vos deux noms ; que tout homme qui se sera plongé dans cette fontaine ne soit plus homme qu'à moitié quand il en sortira et qu'au contact de ces eaux il perde soudain sa vigueur ! » Sensibles l'un et l'autre à cette prière de leur fils à la double forme, les parents l'exaucèrent et répandirent dans la fontaine un suc impur et malfaisant.

Les Métamorphoses, IV, 357-380

HOMÈRE
VIIIe s. av. J.-C.

VIRGILE
Ier s. av. J.-C.

CLAUDIEN
Ve s. ap. J.-C.

Martial

*C'est en entrant dans la source de Salmacis qu'Hermaphrodite subit la métamorphose qui le rendit célèbre. Les questions de la transsexualité et du transgenre trouvent ici leur origine. Martial en rend compte sur le monde du constat, de l'inscription – c'est le sens d'*epigramma. *Chez Martial, les épigrammes tournent souvent à l'aphorisme ou au mot d'esprit. Ici la brièveté laisse au lecteur le loisir de rêver à cette double forme sexuelle qui a toujours suscité trouble et fascination.*

DEUX EN UN

Il entra mâle dans la source, il en sortit des deux sexes : semblable à son père par un point, à sa mère par tout le reste.

Épigrammes, XIV, 174,
« Hermaphrodite en marbre »

LA QUESTION DU TRANSGENRE

Chez les Anciens, la femme est vue comme un homme manqué ; le manque de virilité des hommes les fait basculer dans la féminité, toujours considérée comme inférieure. Pour Aristote, le féminin est même le premier échelon de la monstruosité, car le premier écart par rapport à la norme qu'incarne le masculin. Mais les métamorphoses rendent cette situation bien plus complexe, et conduisent à de véritables transgressions.

La métamorphose permet de dépasser les bornes de l'identité qui est la nôtre, et de connaître une vie autre que celle que la nature nous avait promise. Par les métamorphoses, les dieux viennent contrecarrer la nature. Et c'est ainsi que les auteurs antiques analysent des phénomènes qu'ils ne peuvent scientifiquement expliquer. Les métamorphoses sont une forme de connaissance proto-rationnelle. Les phénomènes évoqués seront confirmés et expliqués des siècles plus tard. La perception des Anciens, qui pressentaient la plasticité fondamentale de l'identité humaine, était bonne.

HOMÈRE
VIIIe s. av. J.-C.

VIRGILE
Ier s. av. J.-C.

CLAUDIEN
Ve s. ap. J.-C.

Platon

Platon développe dans Le Banquet *une anthropologie fondée sur trois genres : aux masculin et féminin s'ajoute l'androgyne. Celui-ci est un état primitif de l'homme qui explique la variété des formes d'amour (hétérosexualité et homosexualité). Le philosophe rapporte les propos du poète comique Aristophane, qui développe le fameux mythe de l'androgyne primitif, où chaque homme est « le dédoublement d'une chose unique : il s'ensuit que chacun est constamment en quête de la fraction complémentaire ». La division de l'androgyne primitif apparaît comme une métamorphose de punition. Pour trouver l'amour, chacun doit rechercher la partie qui lui manque pour reformer cet être primitif complet. L'amour est donc une métamorphose d'union.*

MARIAGE POUR TOUS

Sachez d'abord que l'humanité comprenait trois genres, et non pas deux, mâle et femelle, comme à présent ; […] en ce temps-là l'androgyne était un genre distinct et qui, pour la forme comme pour le nom, tenait des deux autres, à la fois du mâle et du femelle ; aujourd'hui ce n'est plus au contraire qu'un nom chargé d'opprobre. En second lieu, elle était d'une seule pièce, la forme de chacun de ces hommes, avec un dos tout rond et des flancs circulaires ; ils avaient quatre mains ; puis, deux visages au-dessus d'un cou d'une rondeur parfaite, et absolument pareils l'un à l'autre, tandis que la tête, attenante à ces deux visages placés à l'opposite l'un de l'autre, était unique ; leurs oreilles étaient au nombre de quatre ; leurs parties honteuses, en double ; tout le reste, enfin, à l'avenant de ce que ceci permet de se figurer. Quant à leur démarche, ou bien elle progressait en ligne droite comme à présent, dans celui des deux sens qu'ils avaient en vue ; ou bien, quand l'envie leur prenait de courir rapidement, elle ressemblait alors à cette sorte de culbute où, par une révolution des jambes qui ramène à la position droite, on fait la roue en culbutant : comme, en ce temps-ci, ils avaient huit membres pour leur servir de point d'appui, en faisant la roue ils avançaient avec rapidité. Et pourquoi, maintenant, ces genres étaient-ils au nombre de trois, et ainsi constitués ? C'est que le mâle était originairement un rejeton du soleil ; le genre féminin, de la terre ; celui enfin qui participe des deux, un rejeton de la lune, vu que la lune participe, elle aussi, des deux autres astres ; or, si justement ils étaient orbiculaires, et dans leur structure et dans leur démarche, c'était à cause de leur ressemblance avec ces parents-là. C'étaient en conséquence des êtres d'une force et d'une vigueur prodigieuses ; leur orgueil était immense : ils allèrent jusqu'à s'en prendre aux dieux. L'histoire que raconte Homère d'Éphialte et d'Otus, leur tentative d'escalader le ciel, c'est les hommes d'alors qu'elle concerne : ils voulaient en effet s'attaquer aux dieux. [...]

[Zeus décide d'y mettre bon ordre : afin de les affaiblir, il coupe les hommes en deux.]

Tous ceux qu'il avait ainsi coupés, il chargeait Apollon de leur retourner le visage, avec la moitié du cou, du côté de la coupure : l'homme, ayant toujours sous les yeux le sectionnement qu'il avait subi, aurait plus de retenue. Pour les autres effets de l'opération, Apollon devait y porter remède[1]. Il retournait donc le visage, et, ramenant de toutes parts la peau sur ce qui à présent s'appelle le ventre, il procédait comme avec une bourse à coulisse, serrant fortement les bords autour d'une ouverture unique pratiquée vers le milieu du ventre : ce que précisément on appelle le nombril. De plus, comme il y avait des plis,

---

1. Apollon est un dieu guérisseur.

par le polissage il en effaçait la plus grande partie ; il donnait à la poitrine du modelé, employant pour cela un outil comme celui qui sert aux cordonniers pour polir sur la forme les plis du cuir. [...]

Dans ces conditions, le sectionnement avait dédoublé l'état naturel. Alors chaque moitié, soupirant après sa moitié, la rejoignait ; s'empoignant à bras-le-corps, l'une à l'autre enlacées, convoitant de ne faire qu'un même être, elles finissaient par succomber à l'inanition et, d'une manière générale, à l'incapacité d'agir, parce qu'elles ne voulaient rien faire l'une sans l'autre. [...]

Ce qui en effet explique ce sentiment [l'amour], c'est notre primitive nature, celle que je viens de dire, et le fait que nous étions d'une seule pièce : aussi est-ce de convoiter cette unité, de chercher à l'obtenir, qui est ce que l'on nomme amour. Oui, auparavant, je le répète, nous étions un ; mais aujourd'hui, conséquence de notre méchanceté, nous avons été par le Dieu dissociés d'avec nous-mêmes, comme les Arcadiens l'ont été par les Lacédémoniens. Il est donc à craindre, si nous ne sommes pas envers les dieux ce que nous devons être, qu'une fois de plus on ne nous fende par la moitié, et que nous déambulions, pareils à ces gens qu'on voit de profil en bas-relief sur les stèles, quand nous aurons été sciés en deux selon la ligne de notre nez et que nous aurons eu le sort des osselets ! Voilà pour quels motifs on doit recommander à tout homme d'avoir en toute chose de la piété à l'égard des dieux, afin et d'échapper à l'une des éventualités et de réussir à réaliser l'autre, en prenant l'Amour pour guide et pour chef. [...] Donc, c'est en pensant à l'ensemble, et des hommes et des femmes, que je dis : la condition pour que notre espèce soit heureuse, c'est de mener l'amour à son terme et, pour chacun de nous, de rencontrer le bien-aimé qui est le sien, bref de revenir à sa primitive nature.

Le Banquet, 189d-193c

HOMÈRE
VIIIᵉ s. av. J.-C.

VIRGILE
Iᵉʳ s. av. J.-C.

CLAUDIEN
Vᵉ s. ap. J.-C.

Hygin

Masculinité et force sont traditionnellement associées. Une femme peut-elle être aussi forte qu'un homme tout en restant femme ? Hygin entend ici dénoncer les métamorphoses comme des mythes.

WONDER WOMAN

Ce Caenus fils d'Élatus, de Magnésie, fit voir qu'il ne pouvait en aucune manière blesser les Centaures par le fer, mais avec des troncs taillés en pointe ; certains disent qu'il s'agissait d'une femme, à qui, à sa demande, Neptune, ayant obtenu l'union qu'il avait souhaitée, accorda que, une fois changé en jeune homme, aucun coup ne pourrait le tuer, chose qui ne s'est jamais produite, et il ne peut se faire qu'un mortel, quel qu'il soit, ne puisse être tué par le fer ou puisse être changé de femme en homme.

Fables, XIV, « L'assemblée des Argonautes »

HOMÈRE
VIII° s. av. J.-C.

VIRGILE
I° s. av. J.-C.

CLAUDIEN
V° s. ap. J.-C.

Acousilaos d'Argos

L'auteur est un mythographe grec du VI° siècle avant J.-C. dont ne subsistent que des fragments.

UN SURMÂLE FÉMININ

Poséidon s'unit à Caïnè, la fille d'Élatos. Puis, comme il ne lui était pas permis de mettre au monde des enfants, ni de lui ni de personne d'autre, Poséidon la changea en homme, un homme invulnérable qui possédait la force la plus grande parmi les gens de son temps. Lorsque quelqu'un le frappait, avec le fer ou le bronze, c'en était fait de lui à coup sûr. Il devient roi des Lapithes et guerroie contre les centaures. Puis il mit un javelot sur l'agora et ordonna qu'on le comptât au nombre des dieux. Cela ne plut pas aux dieux, et Zeus, le voyant agir ainsi, pousse et excite les centaures. Ceux-ci, en le frappant, l'enfoncent dans la terre ; par-dessus, ils mettent un rocher comme monument et il meurt.

Papyrus d'Oxyrhynchos, XIII, 1611, 1

(Traduction de Jean-Claude Carrière)

HOMÈRE
VIIIᵉ s. av. J.-C.

VIRGILE
Iᵉʳ s. av. J.-C.

CLAUDIEN
Vᵉ s. ap. J.-C.

Antoninus Liberalis

Voici l'histoire de Galatée, qui éleva sa fille comme un garçon pour éviter de la sacrifier à la naissance. Chez les Anciens, le masculin domine toujours, à tel point que le surnaturel vient à la rescousse pour rectifier une erreur de la nature et complaire au désir du père.

GARÇON MANQUÉ

Galatée, fille d'Eurytios, lui-même fils de Sparton, épousa Lampros, fils de Pandion, qui vivait à Phaestos en Crète ; c'était un homme de bonne famille, mais sans fortune. Lorsque Galatée fut enceinte, Lampros souhaita avoir un garçon et ordonna à sa femme, si elle donnait naissance à une fille, de la faire disparaître. Lampros s'en alla de chez lui et, pendant qu'il gardait son troupeau, Galatée mit au monde une fille. Elle eut pitié d'elle et pensa à la solitude de sa maison ; les songes et les devins vinrent aussi à son aide en lui prescrivant d'élever sa fille comme un garçon : elle finit par mentir à Lampros en lui soutenant qu'elle avait eu un garçon et elle l'éleva comme tel, lui ayant donné le nom de Leucippos. La fille grandit et devint d'une indicible beauté : Galatée, craignant de ne plus pouvoir tromper Lampros, chercha refuge au sanctuaire de Léto et supplia la déesse de changer le sexe de sa fille : la même chose était survenue à Caenis, fille d'Atrax, qui, par la volonté de Poséidon, devint Caeneus le Lapithe ; à Tirésias qui, d'homme qu'il était, devint femme pour avoir rencontré au carrefour des serpents enlacés et les avoir tués ; et qui changea ensuite de sexe pour avoir de nouveau tué un serpent ; à Hypermestre qui, à plusieurs reprises, se prostituant sous sa forme de femme, se faisait payer et, devenant homme, rapportait de quoi vivre à son père

Aethon ; au Crétois Siproïtès qui changea de sexe pour avoir vu, lors d'une chasse, Artémis au bain. Léto eut pitié de Galatée, qui se lamentait et la suppliait sans répit, et elle changea le sexe de la jeune fille. Les Phaestiens se souviennent encore de ce changement et sacrifient à Léto *Phytié*, qui fit pousser des parties viriles à la jeune fille, et ils donnent le nom d'*Ekdysia* à cette fête, car la vierge avait quitté le *péplos*[1]. Et dans les mariages les femmes du pays ont coutume, avant leur nuit de noces, de se coucher au flanc de la statue de Leucippos.

Les Métamorphoses, XIII, 750 *sqq.*

---

1. Tunique féminine ceinturée à la taille.

HOMÈRE
VIIIe s. av. J.-C.

VIRGILE
Ier s. av. J.-C.

CLAUDIEN
Ve s. ap. J.-C.

Ovide

La métamorphose empêche un amour jugé monstrueux et permet un retour à l'ordre. L'amour est plus fort que le genre. Un texte magnifique – et l'un des seuls qui finissent bien dans Les Métamorphoses *d'Ovide ! –, qui anticipe l'actuelle réassignation sexuelle pratiquée sur les personnes transsexuelles.*

AMOURS DE FEMMES

Sur le territoire de Phestus, voisin du royaume de Gnose, était né jadis Ligdus, un homme du peuple, de condition obscure, mais libre ; il n'avait pas plus de fortune que de noblesse ; mais sa vie et son honneur étaient sans tache ; sa femme portait un enfant dans son sein ; il lui fit entendre cet avertissement, quand approcha l'heure de ses couches : « Je forme un double souhait ; d'abord que ta délivrance te coûte le moins de douleur possible, ensuite que tu mettes au monde un fils ; un enfant de l'autre sexe est pour nous une charge trop lourde ; la fortune me refuse les moyens de la supporter. Donc, si par hasard, mauvais augure que je repousse, tu donnes le jour à une fille, j'exige (et c'est bien à contrecœur ; ô Devoir paternel, pardonne-moi) qu'elle soit mise à mort. » Il dit, et cet ordre fit verser un flot de larmes aussi bien à celui qui le donnait qu'à celle qui le recevait. En vain Téléthuse, multipliant les prières, supplie son mari de ne pas restreindre ainsi ses espérances. Ligdus persiste dans sa résolution.

Déjà la pauvre mère ne pouvait plus porter qu'avec peine le fardeau qui, parvenu à maturité, alourdissait ses flancs, lorsque, au milieu de la nuit, elle voit en songe ou elle croit voir se dresser devant sa couche la fille d'Inachus, entourée de son cortège sacré ; son front était orné du croissant de la lune, associé à de blonds épis tout brillants d'or et à l'insigne royal ; elle avait autour d'elle l'aboyant Anubis, la sainte Bubastis, Apis, marqué de diverses couleurs, le dieu qui réprime la voix et qui du doigt invite au silence, et puis des sistres[1] et cet Osiris qu'on n'a jamais fini de chercher et ce serpent étranger tout gonflé d'un venin qui plonge dans le sommeil. Téléthuse voit toute la scène aussi clairement que si elle était réveillée ; alors la déesse s'adresse à elle en ces termes : « Téléthuse, toi que je compte au nombre de mes adoratrices, dépose le fardeau de tes peines et dérobe-toi aux ordres de ton époux ; n'hésite pas ; quand Lucine t'aura délivrée, élève ton enfant, quel qu'en soit le sexe. Je suis une déesse secourable et je viens en aide à qui m'implore ; tu n'auras pas à te plaindre d'avoir honoré une divinité ingrate. » Après avoir donné ce conseil, elle sort de la chambre. Joyeuse, la Crétoise se lève de son lit ; tendant vers les astres ses mains purifiées, elle supplie la déesse de réaliser son rêve. Bientôt ses douleurs augmentent et de lui-même son fardeau jaillit vers la lumière du jour ; une fille naît, à l'insu du père ; la mère ordonne de l'élever, en la faisant passer pour un garçon ; on croit à sa parole et personne ne reçoit la confidence de sa supercherie, sauf la nourrice. Le père s'acquitte de ses vœux et donne à l'enfant le nom du grand-père : il s'appelait Iphis. Ce nom plaît à la mère, parce qu'il est commun aux deux sexes et qu'il lui permet de ne tromper personne. Depuis lors son mensonge resta caché, grâce à ce pieux artifice ; le costume de l'enfant était d'un garçon ; ses traits, qu'on le prît pour une fille ou pour un garçon, étaient toujours aussi beaux.

Cependant tu avais atteint ta treizième année, quand ton père, Iphis, te donna pour fiancée la

---

1. Instruments de musique à percussion, que l'on agite à la main.

blonde Ianthé, célèbre pour sa beauté parmi les vierges de Phestus et qui devait le jour à Télestès du Dicté. Elles avaient le même âge, les mêmes attraits et elles avaient appris des mêmes maîtres les premiers éléments qu'on enseigne à l'enfance. De là naquit l'amour qui pénétra les âmes naïves des deux compagnes et fit chez l'une et l'autre des blessures égales ; mais elles n'avaient pas les mêmes espérances ; Ianthé attend le jour où s'allumeront pour elle les torches du mariage convenu et où celui qu'elle considère comme un homme se montrera un homme ; Iphis aime sans espoir de posséder l'objet aimé ; cette impuissance même excite encore sa flamme. Vierge, elle brûle pour une vierge ; retenant ses larmes avec peine : « À quoi puis-je m'attendre, dit-elle, moi que tient sous son empire un amour inconnu jusqu'ici, un amour monstrueux et sans exemple ? Si les dieux voulaient m'épargner, ils auraient dû m'épargner ; si au contraire ils voulaient me faire périr, ils m'auraient au moins donné un mal conforme à la nature et aux mœurs. La génisse ne se consume point d'amour pour la génisse, ni la cavale[2] pour la cavale ; les ardents désirs des brebis s'adressent au bélier et la biche suit le cerf. Ainsi encore s'accouplent les oiseaux ; entre tous les êtres animés on n'en voit point chez qui la femelle se prenne de passion pour une femelle. Je voudrais n'être pas de ce monde. Il fallait, je le sais, que la Crète produisît tous les monstres. La fille du Soleil a aimé un taureau ; oui, mais encore était-ce une femelle qui aimait un mâle. Mon amour, à moi, si j'ose avouer la vérité, est bien plus insensé que le sien ; après tout, c'est l'espoir des plaisirs de Vénus qui l'a séduite ; grâce à un stratagème et sous la forme d'une génisse, elle a reçu les caresses d'un taureau et celui qu'elle voulait abuser était encore un amant. Quand tout le génie du monde affluerait

2. Jument.

en ces lieux, quand Dédale y reviendrait lui-même, soutenu dans son vol par ses ailes enduites de cire, que pourrait-il pour moi ? Avec toutes les ressources de son art fera-t-il que de jeune fille je devienne un jeune homme ? Est-ce toi qu'il transformera, Ianthé ? Ne vaut-il pas mieux raffermir ton courage, Iphis, reprendre possession de toi-même et rejeter loin de toi cet amour dénué de toute raison, insensé ? Songe au sexe que tu tiens de la nature, à moins que tu ne cherches à t'abuser aussi toi-même ; aspire à ce qui t'est permis ; aime, étant femme, ce que doit aimer une femme. Seule l'espérance fait naître l'amour, seule l'espérance le nourrit ; elle t'est défendue par la nature. Ce qui t'éloigne des embrassements de ta bien-aimée ce ne sont pas des gardiens, ce n'est pas la surveillance d'un mari défiant ni la dureté d'un père ; elle-même celle que tu demandes ne se refuse pas à toi ; et pourtant tu ne saurais la posséder. Quand on ferait pour toi tout au monde, tu ne peux pas être heureuse, non, quand les dieux et les hommes y travailleraient. Jusqu'ici il n'y a qu'un seul de mes vœux qui n'ait pas été réalisé ; les dieux favorables m'ont accordé tout ce qui était en leur pouvoir ; ce que je veux est aussi ce que veut mon père, ce que veulent ma fiancée elle-même et mon futur beau-père ; mais j'ai contre moi la volonté de la nature, qui est plus puissante qu'eux tous, elle seule fait mon malheur. Voici venir le moment tant souhaité ; le jour de la noce approche et bientôt Ianthé va m'appartenir ; oui, mais elle ne sera pas à moi ; nous mourrons de soif au milieu des eaux. Toi qui présides aux mariages, Junon, et toi, Hyménée, que venez-vous faire dans cette solennité, où il n'y a point de mari, où nous sommes deux épousées ? »

Sur ces derniers mots elle se tait ; l'autre jeune fille est en proie à des ardeurs non moins vives : « Accours promptement vers moi, Hyménée ! » dit-elle dans ses prières. Ce qu'elle demande, Téléthuse le redoute ; tantôt elle recule la date du mariage, tantôt elle feint une indisposition pour gagner du temps, souvent des présages et des songes lui servent de prétextes ; mais déjà elle avait épuisé tout ce qui pouvait fournir matière à ses mensonges ; la date où on devait allumer les torches nuptiales, tant de fois différée, allait arriver ; il ne restait plus qu'un seul jour. Alors Téléthuse détache les bandelettes qui ceignaient sa tête et celle de sa fille ; puis, les cheveux épars, elle entoure de ses bras l'autel d'Isis : « Isis, dit-elle, toi qui chéris Parétonium, les champs Maréotiques, Pharos et le Nil divisé en sept branches, viens à notre aide, je t'en supplie, porte remède à nos angoisses. C'est toi, déesse, toi que j'ai vue autrefois ; j'ai vu aussi ces attributs et j'ai tout reconnu, ton cortège, tes torches, le son de tes sistres et j'ai gravé tes ordres dans ma mémoire fidèle. Si cette enfant voit le jour, si moi-même je suis à l'abri du châtiment, c'est à tes conseils et à ta protection que je le dois aujourd'hui ; pitié pour nous deux ! que ta puissance bienfaisante nous assiste ! » Des larmes suivirent ces paroles de Téléthuse. Il lui sembla que la déesse avait agité ses autels ; elle les avait agités en effet ; un tremblement secoua les portes du temple ; le croissant de la déesse, image de la lune, jeta des éclairs et on entendit crépiter son sistre sonore. Sans être encore rassurée, mais pourtant joyeuse de ce présage favorable, la mère d'Iphis quitte le temple ; tandis qu'elle en sort, accompagnée de sa fille, celle-ci la suit à plus grands pas que de coutume ; son visage perd de sa blancheur ; ses forces augmentent, il y a dans ses traits plus de hardiesse, la longueur de ses cheveux sans apprêt diminue ; elle sent en elle-même une vigueur que n'eut jamais une femme. Et en effet, toi qui étais une femme, il n'y a qu'un instant, tu es un jeune homme. Portez vos offrandes aux temples, bannissez toute crainte et livrez-vous à la joie avec confiance ! Ils apportent des offrandes aux temples et ils y ajoutent une inscription ; cette inscription tenait toute dans la brève mesure d'un vers : « Le jeune Iphis s'est acquitté par ces offrandes d'un vœu qu'il avait fait lorsqu'il était femme. » Le jour suivant avait de ses rayons illuminé toute l'étendue de l'univers, lorsque Vénus, Junon et Hyménée, leur acolyte, viennent se réunir auprès des torches nuptiales, et le jeune Iphis possède sa chère Ianthé.

Les Métamorphoses, IX, 667-797

Être femme expose à être victime du désir des hommes. Cénis, après avoir été violée, veut mettre fin à sa situation de victime et à l'infériorité de son sexe. Ce sera au prix de l'abandon du genre féminin. La métamorphose répare ici une injustice ; elle change l'ordre du monde. Mais les femmes n'en demeurent pas moins toujours victimes.

LA GUERRE DES SEXES

Cénis, fille d'Élatus, était célèbre par sa beauté ; elle éclipsait toutes les vierges de la Thessalie et dans les villes voisines, dans les tiennes, Achille (car elle était de ton pays), une foule de prétendants la souhaitaient vainement pour compagne. Peut-être Pélée eût-il aussi cherché à la faire entrer dans sa couche ; mais déjà ta mère lui avait été donnée ou promise pour épouse. Cénis ne s'unit à aucun homme par les liens du mariage. Un jour qu'elle errait sur des bords écartés, le dieu des mers lui fit violence, disait la Renommée. Lorsque Neptune eut goûté les plaisirs de cet amour nouveau : « Tu peux, dit-il, faire un souhait, quel qu'il soit, sans avoir à craindre de le voir repousser ; choisis celui que tu voudras. » Et voici ce que racontait encore la Renommée : « L'affront que j'ai subi, répond Cénis, m'inspire un souhait extraordinaire : je voudrais qu'il me fût désormais impossible de subir rien de semblable ; permets-moi de ne plus être femme et tu auras comblé tous mes désirs. » Elle avait prononcé ces derniers mots d'une voix plus grave ; on pouvait croire que c'était une voix d'homme et on ne se serait pas trompé ; car déjà le dieu de la mer profonde avait consenti et de plus il avait accordé au jeune homme le don d'être à jamais invulnérable et de ne pouvoir succomber aux atteintes du fer. Le héros d'Atrax[3] s'en va tout joyeux de ce privilège ; désormais il consacre sa vie à des travaux virils, en parcourant les campagnes du Pénée.

Les Métamorphoses, XII, 189-209

3. Ville de Thessalie.

Lucien

La vigne dans l'Antiquité est liée au culte de Dionysos ;
elle est pour Lucien un élément féminin qui se révèle mons-
trueux. Une plante hybride : végétal en bas, femme en haut,
qui absorbe les hommes comme par un processus de greffe.
Ceux-ci se retrouvent féminisés, dans une scène qui n'a rien
à envier à la science-fiction.

UNE BELLE PLANTE

Alors nous traversâmes le fleuve en un endroit
guéable et nous trouvâmes une sorte de vigne prodigieuse. La partie tenant au sol, le cep proprement
dit, était d'une belle venue et robuste ; vers le haut,
c'étaient des femmes, en tout point parfaites au-dessus
de la taille (telles qu'on représente chez nous Daphné,
se transformant en arbre au moment où Apollon
la rattrape). Au bout de leurs doigts poussaient les
sarments chargés de grappes. À notre approche, elles
nous saluaient et nous tendaient les bras, s'exprimant
tantôt en langue lydienne, tantôt en langue indienne,
le plus souvent en grec. Elles essayaient de nous
embrasser sur la bouche, mais celui qui recevait le
baiser était aussitôt enivré et titubait. Pourtant elles ne
permettaient pas que l'on cueillît du raisin et criaient
de douleur si on en arrachait. Certaines même dési-
raient s'unir à nous ; deux de nos compagnons, étant
allés tout contre elles, ne purent s'en détacher : ils
restèrent attachés par le sexe. Ils se fondirent à elles
et prirent racine avec elles. Déjà leurs doigts avaient
poussé en sarments et, enlacés par les vrilles[1], ils
étaient bientôt destinés eux aussi à produire du raisin.

Histoire véritable, 8

1. Organes de fixation des plantes grimpantes.

V

DES MONSTRES
ET PRODIGES

La métamorphose est d'abord quelque chose qui se voit. Et qui choque : rupture dans l'ordre des choses, fracture dans le cours de la nature. La métamorphose relève du spectaculaire. Mais le spectaculaire est souvent traité par les auteurs avec beaucoup de simplicité, voire un paradoxal réalisme : comme si la métamorphose était un mode d'être comme un autre, une manière qu'a l'homme de s'adapter à son environnement, au temps, aux éléments, et aux dieux. Une simple étape de plus dans son évolution.

Néanmoins, la métamorphose engage la question de la croyance. Comment croire qu'il existe un homme qui, à la nuit tombée, se change en loup ? Ou que la pluie se transforme en or ? La métamorphose a partie liée avec la magie, avec le merveilleux. Avec ce que l'on nomme en latin les *mirabilia* : choses admirables, incroyables, mais aussi impressionnantes à voir. Les prodiges.

Qui a le pouvoir de telles transformations ? Les magiciens, les mages, les dieux... Certains monstres ont le pouvoir de métamorphoser tout en étant eux-mêmes le produit d'une métamorphose : les trois Gorgones – dont la plus connue, Méduse – ont une chevelure constituée de serpents ; elles sont parfois représentées avec des ailes d'or, des serres de cuivre et des défenses de sanglier (et sont toujours considérées comme laides). Ceux qui ont le malheur de croiser leur regard sont pétrifiés. Pétrifiés devant un spectacle extraordinaire qui constitue pourtant l'ordinaire des mythes du monde antique.

LE LOUP-GAROU

Le loup-garou est l'une des plus anciennes figures de notre imaginaire fantastique. Il incarne ce très vieux rêve de l'homme de pouvoir se transformer, pour un moment seulement, en cet animal terrifiant : ce désir de libérer la part sombre en nous – comme le feront plus tard Mr. Hyde ou l'homme invisible. Désir, aussi, de se couper de la société des hommes pour renouer avec notre animalité. Cette figure traduit nos instincts obscurs : notre aspiration, entre pulsion de vie et pulsion de mort, à une catharsis nocturne – sans réelle mise en danger puisque, au bout de quelques heures ou quelques jours, le loup-garou reprend forme humaine. Profondément ancré dans nos fantasmes, le mythe du loup-garou incarne les métamorphoses de libération.

HOMÈRE
VIIIᵉ s. av. J.-C.

VIRGILE
Iᵉʳ s. av. J.-C.

CLAUDIEN
Vᵉ s. ap. J.-C.

Pline l'Ancien

L'auteur se moque des phénomènes étranges, les mirabilia,
et du plus célèbre d'entre eux, le loup-garou. Mais les fables
ont la vie dure…

TOUS CRÉDULES ?

En Italie on croit aussi que le regard des loups
est nuisible et que s'ils fixent un homme avant d'en
être vus, ils lui enlèvent momentanément l'usage de
la voix. Les loups d'Afrique et d'Égypte sont sans
vigueur et petits ; dans les pays froids ils sont vigoureux et féroces. Que des hommes puissent se changer
en loups et reprendre ensuite leur forme, c'est une
croyance que nous ne devons pas hésiter à considérer
comme fausse, à moins d'admettre toutes les fables
dont tant de siècles ont démontré le mensonge. Mais
d'où vient que cette légende soit à ce point ancrée
dans l'esprit de la foule qu'elle emploie le mot de
loup-garou comme terme d'injure ? C'est ce que nous
allons indiquer maintenant.

D'après Évanthe, écrivain grec non sans auto-
rité, les Arcadiens disent dans leur légende qu'un
membre de la famille d'un certain Anthus est tiré
au sort parmi les siens et conduit aux bords d'un
étang de la région ; que là, après avoir suspendu ses
vêtements à un chêne, il traverse l'étang à la nage
et gagne les solitudes, s'y transforme en loup et vit
en troupe avec ses congénères pendant neuf ans. Si
durant ce temps il s'est tenu à l'écart de l'homme,
il retourne à son étang et, après l'avoir traversé, il
reprend la forme humaine, mais il est vieilli de neuf
ans. Fabius ajoute encore qu'il retrouve ses mêmes
vêtements.

C'est étonnant jusqu'où peut aller la crédulité grecque. Il n'est pas de mensonge, si impudent soit-il, qui ne trouve son témoin.

Histoire naturelle, VIII, § XXXIV (22)

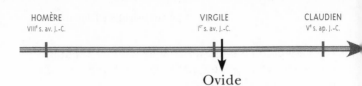

HOMÈRE
VIIIe s. av. J.-C.

VIRGILE
Ier s. av. J.-C.

CLAUDIEN
Ve s. ap. J.-C.

Ovide

Lycaon, roi d'Arcadie, méprise les dieux : cette transgression de l'ordre divin par un humain est un crime fondamental, primitif, archaïque, dont Ovide parle dès le début de son poème en retraçant la généalogie des hommes. C'est pourquoi il est puni par une métamorphose qui transgresse elle-même les ordres humain et animal.

LYCAON, LE PREMIER MORTEL PUNI

Jupiter de nouveau rompit le silence en ces termes : « L'homme a payé sa dette ; bannissez à ce sujet toute inquiétude. Quel fut son crime, quelle est la punition, c'est ce que je vais vous apprendre. La renommée des opprobres du siècle avait frappé mes oreilles ; souhaitant qu'elle fût mensongère, je descends des hauteurs de l'Olympe et, après avoir déguisé ma divinité sous la figure humaine, je me mets à parcourir la terre. Il serait trop long d'énumérer les crimes que je rencontrai partout ; la renommée était encore au-dessous de la vérité. J'avais franchi le Ménale, horrible repaire des bêtes sauvages, le Cyllène et les frais ombrages des pins du Lycée. J'entre sous le toit inhospitalier qui abritait le tyran d'Arcadie, à l'heure de la soirée où le crépuscule allait faire place à la nuit. Je révèle la présence d'un dieu et le peuple commence à m'adresser ses prières. D'abord Lycaon se rit de ces pieux hommages ; puis il s'écrie : "Je vais bien voir, par une épreuve manifeste, si c'est là un dieu ou un mortel. Nul ne pourra plus douter de la vérité." Pendant la nuit, tandis que j'étais lourd de sommeil, il s'apprête à me surprendre et à me donner la mort ; voilà par quelle épreuve il voulait connaître la vérité. Ce n'était pas encore assez pour lui ; de son glaive il coupe la gorge à un des otages que lui avait envoyés le peuple des Molosses. Ensuite il attendrit dans l'eau bouillante une partie de ses membres palpitants et il fait rôtir l'autre sur la flamme. À peine en avait-il chargé la table que de ma foudre vengeresse j'ai renversé sur lui sa demeure, pénates bien dignes d'un tel maître. Épouvanté, il s'enfuit et, après avoir gagné la campagne silencieuse, il se met à hurler ; en vain il s'efforce de parler ; toute la rage de son cœur se concentre dans sa bouche ; sa soif habituelle du carnage se tourne contre les troupeaux et maintenant encore il se plaît dans le sang. Ses vêtements se changent en poils, ses bras en jambes ; devenu un loup il conserve encore des vestiges de son ancienne forme : il a toujours le même poil gris, le même air farouche, les mêmes yeux ardents ; il est toujours l'image de la férocité. Une seule maison a été frappée ; mais plus d'une maison était digne de périr ; sur toute l'étendue de la terre règne la sauvage Érinys ; on dirait une conjuration pour le crime. Plus de retard ! Que tous (tel est mon arrêt immuable) subissent le châtiment qu'ils ont mérité. »

Parmi les dieux les uns appuient de leurs avis le discours de Jupiter et aiguillonnent sa fureur ; les autres s'acquittent de leur office par des marques d'assentiment. Cependant la perte du genre humain est un sujet de douleur pour tous ; quel sera l'aspect de la terre, veuve des mortels ? demandent-ils, qui portera l'encens sur les autels ? Veut-il livrer la terre à la dévastation des bêtes sauvages ? À ces questions le souverain des habitants du ciel répond qu'il se charge de tout ; il les invite à ne point s'alarmer ; il leur promet une race d'hommes qui ne ressemblera point à la précédente et dont l'origine sera merveilleuse.

Les Métamorphoses, I, 210-252

HOMÈRE
VIIIᵉ s. av. J.-C.

VIRGILE
Iᵉʳ s. av. J.-C.

CLAUDIEN
Vᵉ s. ap. J.-C.

Hygin

Hygin propose une autre interprétation de l'histoire de Lycaon. L'ingestion de chair humaine par un humain est un tabou primitif. On la retrouve dans le célèbre épisode où les deux sœurs Philomèle et Procné se vengent du viol de Philomèle (commis par son beau-frère) en tuant le fils du violeur (le propre fils de Procné) et en le faisant manger à son père. « Térée consomme ce repas et engloutit sa propre chair dans ses entrailles », écrit Ovide. Quand il réclame son fils, sa femme lui répond : « Tu as avec toi celui que tu demandes. » Ces paroles annoncent celles de l'Eucharistie, « le corps du Christ », prononcées lorsque le prêtre présente l'ostie. La transsubstantiation – corps et sang du Christ incarnés par le pain et le vin – s'accompagne d'une dévoration consentie (boire le vin et manger l'ostie) qui rappelle ces scènes primitives de consommation de chair. La digestion serait-elle une forme de métamorphose ? Père et fils, créateur et créature, incorporés, fondus en un corps : l'espace d'un instant, métamorphosés, ils ne font plus qu'un.

UN BANQUET QUI RESTE SUR L'ESTOMAC

Jupiter, dit-on, vint en visite chez Lycaon fils de Pélasgus et viola sa fille Callisto ; il en naquit Arcas, qui donna son nom à cette terre[1]. Mais les filles de Lycaon voulurent mettre Jupiter à l'épreuve, pour savoir s'il était un dieu : ils mêlèrent de la chair humaine à une autre chair et lui offrirent cela en un banquet. Quand il s'en aperçut, il renversa, furieux, la table, et tua de sa foudre les fils de Lycaon. En ce lieu Arcas fortifia par la suite la place, que l'on nomme Trapezus. Jupiter changea la figure de leur père en celle d'un loup.

Fables, CLXXVI, « Lycaon »

1. L'Arcadie.

HOMÈRE
VIII⁵ s. av. J.-C.

VIRGILE
I⁵ s. av. J.-C.

CLAUDIEN
V⁵ s. ap. J.-C.

Augustin

L'auteur évoque différents témoignages pour accréditer l'existence d'hommes-loups.

LÉGENDES VÉRIDIQUES

Pour garantir ce fait [la transformation de Diomède en oiseau], Varron en rappelle d'autres non moins incroyables : cette fameuse magicienne Circé qui changea en bêtes les compagnons d'Ulysse ; les Arcadiens qui, choisis par le sort pour traverser un étang à la nage, y étaient changés en loups et vivaient avec de semblables bêtes sauvages dans les lieux déserts de cette contrée ; s'ils ne mangeaient pas de chair humaine, au bout de neuf ans ils repassaient le même étang à la nage et reprenaient la forme d'hommes. Enfin Varron a cité nommément un certain Déménète qui, ayant goûté du sacrifice d'un enfant immolé selon leur coutume par les Arcadiens à leur dieu Lycaon, fut changé en loup : dix ans après, ramené à sa véritable forme, il s'exerça au pugilat et remporta le prix aux Jeux olympiques. D'après le même historien, les noms, propres à l'Arcadie, de Pan Lycaeus et de Jupiter Lycaeus n'ont pas d'autre explication que cette métamorphose d'hommes en loups, et qui ne pouvait se faire sans l'intervention d'une puissance divine. En effet, « loup » se dit en grec *lykos,* d'où le nom de Lycaeus. Varron ajoute que les Luperques romains sont issus de ces mystères comme d'un germe.

La Cité de Dieu, XVIII, § XVII

(Traduction de Jean-Louis Dumas
© Éditions Gallimard)

HOMÈRE
VIIIe s. av. J.-C.

VIRGILE
Ier s. av. J.-C.

CLAUDIEN
Ve s. ap. J.-C.

Pétrone

UNE RENCONTRE EFFRAYANTE

Trimalcion, qui organise chez lui un fameux banquet de débauche – qui sera mis en scène par Fellini –, demande à son ami Nicéros de raconter une histoire qu'il a vécue, du temps où il était encore esclave, afin de divertir les convives. Le récit vise d'abord à faire rire, avant que les réactions ne tournent à l'étonnement puis à l'effroi.

Par bonheur, mon maître était allé à Capoue pour liquider un lot de vieilles hardes. Saisissant l'occasion, je décide un hôte que nous avions à m'accompagner pendant cinq milles. C'était un militaire, fort comme un ogre. Nous f...ons le camp à la nuit, vers le chant du coq : la lune éclairait comme en plein jour. Nous arrivons entre les tombeaux ; voilà mon homme qui s'écarte du côté des monuments ; moi, je m'assieds en fredonnant un air, et je compte les colonnes. Et puis, en me retournant vers mon compagnon, je le vois qui se déshabille et qui dépose tous ses habits sur le bord de la route. J'avais la mort au bout du nez ; je ne remuais pas plus qu'un cadavre. Quant à lui, il se mit à pisser autour de ses vêtements, et aussitôt il se changea en loup. Ne croyez pas que je plaisante : je ne mentirais pas pour tout l'or du monde. Mais, pour en revenir à mon histoire, une fois changé en loup, il pousse un hurlement et s'enfuit dans les bois. Moi, d'abord, je ne savais pas où j'étais ; puis je m'approchai pour emporter ses habits ; mais ils s'étaient changés en pierre. Si jamais homme dut mourir de frayeur, c'était bien moi. Pourtant je tirai mon épée, et tout le long de la route j'en frappai les ombres jusqu'au moment où j'arrivai à la ferme de ma maîtresse. Quand j'entrai, j'étais comme un cadavre ; j'ai bien failli claquer pour de bon ; la sueur me dégoulinait dans l'entrejambe ; mes yeux étaient morts, j'ai bien cru ne jamais me remettre. Ma chère Mélissa s'étonna de me voir en route à pareille heure : « Si tu étais venu plus tôt, me dit-elle, au moins tu nous aurais donné un coup de main ; un loup est entré dans la ferme et toutes nos bêtes, il les a saignées comme un boucher. Mais cela lui a coûté cher, bien qu'il ait pu s'échapper : car un de nos esclaves lui a passé sa lance à travers le corps. » Quand j'ai entendu ça, il n'a plus été question pour moi de fermer l'œil, mais, sitôt le jour venu, je me sauvai chez notre maître Gaïus, comme un cabaretier qu'on aurait dévalisé. Et, arrivé à l'endroit où les vêtements s'étaient changés en pierre, je n'ai plus rien trouvé que du sang. Mais, quand je fus rentré chez nous, le militaire gisait dans son lit, soufflant comme un bœuf, et un médecin lui pansait le cou. J'ai compris que c'était un loup-garou ; et à partir de ce moment, on m'aurait tué plutôt que de me faire manger un bout de pain avec lui. Libre aux autres d'en penser ce qui leur plaît : mais moi, si je mens, que tous vos Génies me confondent.

Le Satiricon, § LXII

Hérodote

Hérodote rapporte que les Grecs s'établirent sur les bords de la mer Noire car ils en considéraient les habitants, les Neures, comme des magiciens capables de se métamorphoser en loups. Ici, historia *et* fabula *s'affrontent. – Les Grecs ont-ils cru à leurs mythes ? interroge Paul Veyne. Oui, à en juger par les récits de métamorphoses. Mais en fait, la question ne se pose pas : la véracité des métamorphoses n'est jamais interrogée. Dans nombre de textes qu'on lira ici, les métamorphoses sont présentées comme des faits, des événements qui se sont déroulés et que l'auteur se contente de transcrire. Nul étonnement ; la métamorphose est acceptée comme partie intégrante du réel, de l'Histoire.*

UN PEUPLE DE LOUPS

Il y a apparence que ces gens sont sorciers. En effet, les Scythes et les Grecs établis en Scythie racontent qu'une fois par an tout Neure devient pendant quelques jours un loup, après quoi il reprend la même forme ; pour mon compte, ce qu'ils disent ne me convainc pas ; mais ils n'en sont pas moins affirmatifs, et même ils joignent à leurs affirmations des serments.

Histoires, IV, 105

LES FIGURES MIXTES

Les monstres sont le résultat d'une métamorphose. Ce sont des figures mixtes, comme la Chimère, les sirènes, les hippocampes (corps de cheval et queue de poisson), la Sphinx (corps de lion et tête d'homme), les centaures, les satyres, les faunes... Ou encore les trois Harpyes, filles de Thaumas et d'Ozoméné, telles que les décrit Hygin (fable n° XIV) : « Elles habitaient les îles Strophades en mer Égée, qu'on appelle Plotées ; elles avaient, dit-on, des têtes de poules ; empennées, elles portaient des ailes et des bras humains, avec des ongles immenses, des pattes de poules, une poitrine blanche et des cuisses humaines. » Ces figures sont des métamorphoses vivantes : elles font tenir ensemble des éléments disparates, issus d'organismes différents. Elles sont le résultat d'une métamorphose aboutie – ou inaboutie, comme dans la fable d'Ésope « De la grenouille et du bœuf ». Les métamorphoses sont ainsi rationalisées : elles entrent dans une pensée biologique. Le fantastique rejoint le naturel.

HOMÈRE
VIIIe s. av. J.-C.

VIRGILE
Ier s. av. J.-C.

CLAUDIEN
Ve s. ap. J.-C.

Hésiode

Figure hybride, réussissant des parties du corps de diffé-
rents animaux, la Chimère est un être malfaisant qui ravage
la région de Lycie. Symbole d'une synthèse impossible ne
pouvant engendrer que le monstrueux, elle connaîtra un
succès durable en devenant, depuis le XIIIe siècle, un nom
commun, synonyme d'illusion.

LA CHIMÈRE,
UNE MÉTAMORPHOSE VIVANTE

Elle enfantait aussi Chimère, qui souffle un feu
invincible, Chimère, terrible autant que grande, rapide
et puissante, qui possède trois têtes, l'une de lion à
l'œil ardent, l'autre de chèvre, l'autre de serpent, de
puissant dragon [lion par devant, dragon par derrière,
chimère au milieu ; son haleine terrible est un jaillis-
sement de flammes ardentes]. Celle-là, ce fut Pégase
qui en triompha, avec le preux Bellérophon.

Théogonie, 319-325

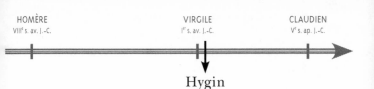

HOMÈRE
VIIIe s. av. J.-C.

VIRGILE
Ier s. av. J.-C.

CLAUDIEN
Ve s. ap. J.-C.

Hygin

Pour Hygin, les monstres sont condamnés à le rester, et à transmettre leur état à leur descendance.

LE MONSTRUEUX ENGENDRE
LE MONSTRUEUX

Tartarus engendra avec Tartara Typhon, extraordinaire par la taille et monstrueux d'aspect, à qui cent têtes de dragon étaient sorties des épaules ; il provoqua Jupiter à un combat pour le trône. Jupiter lui frappa la poitrine de sa foudre ardente et il posa sur lui, en feu, l'Etna, une montagne de Sicile qui, du coup, brûle encore aujourd'hui, dit-on.

[…]

Du géant Typhon et de la Gorgone Échidna [sont nés] Cerbère le chien à trois têtes, le dragon qui, au-delà de l'océan, gardait les pommes d'or des Hespérides, l'hydre que tua Hercule près de la fontaine de Lerne, le dragon qui gardait en Colchide la toison du bélier, Scylla dont le haut du corps était celui d'une femme et le bas celui d'un chien, et qui avait six chiens nés d'elle, la Sphinge de Béotie, la Chimère de Lycie dont l'avant du corps était à l'image d'une lionne et l'arrière à celle d'un dragon, le milieu étant la Chimère proprement dite. De Méduse, fille de Gorgo, et de Neptune sont nés Chrysaor et le cheval Pégase ; de Chrysaor et de Callirhoé, Géryon aux trois corps.

Fables, CLII, « Typhon »
et CLI, « Les enfants de Typhon et d'Échidna »

Ici, punition, ruse et métamorphose s'unissent pour produire l'un des mythes les plus fameux : l'histoire du Minotaure.

UNE LIAISON TAURINE

Pasiphaé, fille du Soleil, épouse de Minos, n'avait pas rendu de culte à Vénus pendant quelques années ; pour cela Vénus lui infligea un amour monstrueux, afin qu'elle aimât, sous une autre forme, un taureau dont elle était amoureuse. Dédale, arrivé là en exil, lui demanda son aide et quant à lui, il lui fabriqua une vache de bois et la recouvrit du cuir d'une vache véritable : à l'intérieur, elle coucha avec le taureau ; de cette union, elle conçut le Minotaure, à la tête bovine et au corps humain dans sa partie inférieure. Dédale construisit alors pour le Minotaure un Labyrinthe à la sortie introuvable, dans lequel il fut enfermé. Quand il connut l'affaire, Minos jeta Dédale en prison, mais Pasiphaé le libéra de ses liens. Dédale fabriqua donc des ailes, pour lui-même et pour son fils Icare ; il les ajusta et ils s'envolèrent de là. Icare volant trop haut, la cire s'échauffa sous l'effet du soleil, et il tomba dans la mer, qui reçut de lui le nom de mer Icarienne. Dédale poursuivit son vol jusque dans l'île de Sicile, auprès du roi Cocalus. Selon d'autres, Thésée, quand il eut tué le Minotaure, ramena Dédale à Athènes, dans sa patrie.

Fables, XL, « Pasiphaé »

HOMÈRE
VIIIe s. av. J.-C.

VIRGILE
Ier s. av. J.-C.

CLAUDIEN
Ve s. ap. J.-C.

Lucien

Le narrateur, qui s'est retrouvé sur la Lune, y découvre des hommes monstrueux : privés de femmes (la Lune n'étant habitée que par des hommes), ils sont contraints de procréer eux-mêmes, avec l'aide de la terre.

DES HOMMES-CHÊNES

Mais je vais raconter encore plus fort que cela. On trouve chez eux une race d'hommes appelés Dendrites[1] qui naissent de la façon suivante. On coupe le testicule droit d'un homme et on le plante dans le sol. Il en pousse un très grand arbre, fait de chair et semblable à un phallus. Il a des branches et des feuilles, et ses fruits sont des glands longs d'une coudée. Quand ils sont mûrs, on les cueille et on les casse pour en faire sortir les hommes. Ceux-ci ont des sexes postiches, certains d'ivoire, d'autres (les gens pauvres) de bois ; ils s'en servent pour saillir leurs partenaires et s'unir avec eux.

Histoire véritable, 22

1. « Hommes des arbres ».

HOMÈRE
VIIIᵉ s. av. J.-C.

VIRGILE
Iᵉʳ s. av. J.-C.

CLAUDIEN
Vᵉ s. ap. J.-C.

Élien

Anthologie du savoir zoologique grec issue d'une immense documentation et mêlant observations et anecdotes, La Personnalité des animaux *réunit de courtes notices qui témoignent de l'immense curiosité de l'auteur. « La nature est une magicienne », constate-t-il ici : sa fascination pour les prodiges de la nature annonce celle des grands naturalistes, notamment Buffon.*

LES RUSES DU CAMÉLÉON

Le caméléon n'a pas naturellement une couleur unique qu'il offre à la vue et à laquelle on peut le reconnaître ; il se dissimule en brouillant et en confondant la vue de ceux qui le regardent. S'il a un aspect noir quand on le rencontre, il modifie son apparence extérieure en vert clair, comme s'il changeait de vêtement. Ce qui ne l'empêche pas ensuite d'apparaître autrement, habillé de bleu sombre, comme un comédien qui changerait de masque ou revêtirait un autre costume. Compte tenu de cette situation, on serait tenté de dire que la nature, sans avoir besoin de faire passer quelqu'un par la marmite ou d'utiliser des onguents magiques, comme une Médée ou une Circé, est, elle aussi, une magicienne.

La Personnalité des animaux, II, § 14

Pour Élien, le lézard se transforme tout autant que le caméléon. La métamorphose est ici parfaitement compatible avec la biologie. Elle n'est que l'autre nom de l'adaptation. Élien anticipe la théorie transformiste de Lamarck.

LA DOUBLE VIE DU LÉZARD

Si, de propos délibéré ou de manière accidentelle, vous frappez un lézard et que vous le coupez en deux, aucune des deux parties ne meurt, et les deux moitiés continuent d'avancer et de vivre séparément et chacune de son côté, en se traînant sur deux pattes. Par la suite, lorsqu'elles se rejoignent (et il est fréquent que la partie postérieure rejoigne l'autre), les deux parties qui étaient séparées se réunissent et s'assemblent. Une fois qu'il a retrouvé son unité, le lézard, malgré son accident que trahit une cicatrice, se met à courir en tous sens et retrouve son mode de vie antérieur, à l'instar des individus de cette espèce qui n'ont pas fait cette expérience.

La Personnalité des animaux, II, § 23

Les oursins eux aussi témoignent d'une « extraordinaire faculté naturelle » d'adaptation. Ici la description zoologique est encore tributaire du fantastique. Un mélange des genres que l'on retrouvera au XVIᵉ siècle chez Ambroise Paré dans son traité Des monstres et prodiges.

LES OURSINS SE FONT, SE DÉFONT ET SE REFONT

Si l'on broie des oursins encore vivants, qui sont à l'intérieur de leur coquille et protégés par leurs piquants, que l'on en disperse les morceaux ici et là dans la mer, et qu'on les laisse sur place, les morceaux se rassemblent et fusionnent, reconnaissant le fragment auquel ils correspondent, et reforment, en se combinant, une unité organique. Et ils retrouvent leur intégrité, en vertu d'une extraordinaire faculté naturelle caractéristique des oursins.

La Personnalité des animaux, IX, § 47

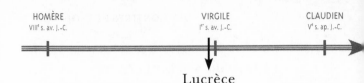

HOMÈRE
VIIIᵉ s. av. J.-C.

VIRGILE
Iᵉʳ s. av. J.-C.

CLAUDIEN
Vᵉ s. ap. J.-C.

Lucrèce

Si des espèces animales ont disparu, c'est qu'elles n'étaient pas viables : le matérialisme de Lucrèce annonce celui de Darwin, et la théorie de la survie du plus apte. Cette thèse permet également à Lucrèce de contester l'existence des animaux fabuleux et des monstres. « Chaque chose suit sa marche propre » : les métamorphoses ne peuvent avoir lieu que dans les limites de la viabilité de chaque organisme.

LA LUTTE POUR LA SURVIE

Nombreux aussi furent les monstres que la terre en ce moment s'efforça de créer, et qui naissaient avec des traits et des membres étranges – tel l'androgyne, intermédiaire entre les deux sexes, et qui n'est ni l'un ni l'autre et n'appartient à aucun –, êtres privés de pieds ou dépourvus de mains, ou encore muets et sans bouche, ou qui se trouvaient être aveugles et sans regard, ou dont les membres captifs demeuraient entièrement soudés au corps et qui ne pouvaient rien faire, ni se mouvoir, ni éviter le danger, ni pourvoir à leurs besoins. Tous ces monstres et tous les prodiges de cette sorte que la terre mettait au monde, c'est en vain qu'elle les créa ; car la nature interdit leur croissance, et ils ne purent toucher à cette fleur de l'âge tant désirée, ni trouver la nourriture, ni s'unir par l'acte de Vénus. […]

Nombreuses aussi furent alors les espèces qui durent disparaître, et qui ne purent en se reproduisant se créer une descendance. Car toutes celles que tu vois jouir de l'air vivifiant possèdent ou la ruse, ou la force, ou enfin la vitesse, qui dès l'origine ont assuré leur protection et leur salut.

[…]

Mais de centaures il n'y en eut point, et à aucun moment il ne peut exister d'êtres ayant double nature et double corps, formés d'un assemblage de membres hétérogène ; et les propriétés et les forces de chacune des deux parties ne pourraient s'accorder. [...] Ne va donc pas croire que du croisement de l'homme avec la race des chevaux puissent se former des centaures, ni que ceux-ci existent, non plus que ces monstres au bas-ventre ceint de chiens furieux, ces Scylles aux corps demi-poissons, et tous les êtres de ce genre qui ne présentent à nos yeux que des membres dispa-rates : êtres dont les parties n'atteignent en même temps ni la fleur de l'âge, ni l'épanouissement des forces, ni le déclin de la vieillesse, qui ne brûlent point des mêmes amours, ne s'accordent point dans leurs mœurs, et ne peuvent enfin se plaire aux mêmes aliments [...].

Ainsi donc imaginer qu'au temps où la terre était nouvelle, le ciel nouveau-né, de tels animaux aient pu naître, et s'appuyer pour cela uniquement sur ce vain mot de nouveauté, c'est s'autoriser à débiter mille fables de même nature : à cette époque, pourra-t-on dire, des fleuves d'or coulaient tout à travers la terre ; au lieu de fleurs, les arbres se couvraient de pierres précieuses ; ou bien encore il naquit alors un homme d'une taille si prodigieuse, aux membres si gigan-tesques, que d'un seul pas il pouvait franchir les mers profondes, et de ses mains faire tourner autour de lui le ciel tout entier. Car de ce qu'il y eut sur la terre de nombreux germes différents à l'époque où elle commença à produire les animaux, on ne peut nulle-ment conclure, comme d'un signe certain, qu'il ait pu se créer des êtres aussi hybrides, des assemblages de membres aussi disparates. En effet les productions qui maintenant encore jaillissent du sol en abon-dance, les diverses sortes d'herbes, les céréales, les arbres vigoureux ne peuvent, malgré leur nombre, se reproduire pêle-mêle, mais chaque chose suit sa marche propre, et toutes, conformément aux lois fixées par la nature, conservent les caractères qui les différencient.

De la nature, V, 837-861 et 878-924

VI

LA MÉTAMORPHOSE, INSTRUMENT DE RUSE

La ruse est un élément fondamental de la métamorphose. Celle-ci est rarement une fin mais plutôt un moyen. Un moyen pour les dieux d'obtenir ce qu'ils convoitent. La figure exemplaire en est Zeus, qui ne cesse de se transformer afin de séduire les mortelles : il déguise son identité divine pour endormir leur vigilance et s'unir à elles. La métamorphose est alors une forme de contre-épiphanie : il s'agit pour les dieux de se mettre, pour un temps, à la hauteur des hommes en prenant une forme humaine, animale ou végétale. Ces métamorphoses de ruse sont transitoires ; le changement de forme est réversible. Elles se font de manière fluide, et sont le plus souvent décrites par les auteurs comme des phénomènes naturels. Les récits de ces métamorphoses se confondent avec la mythologie elle-même et sont souvent notre premier contact avec l'Antiquité. Ainsi sont pour nous les dieux grecs et latins : à jamais figés dans nos mémoires sous toutes leurs formes, issues de métamorphoses.

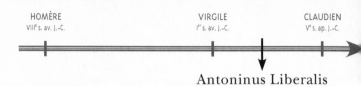

HOMÈRE
VIIIe s. av. J.-C.

VIRGILE
Ier s. av. J.-C.

CLAUDIEN
Ve s. ap. J.-C.

Antoninus Liberalis

Les dieux évoqués ici se transforment en animaux pour échapper à Typhon, qui convoite le pouvoir suprême en voulant prendre la place de Zeus.

MÉTAMORPHOSES EN FOLIE

Typhon, fils de la Terre, fut un dieu d'une force prodigieuse et d'étrange aspect ; car il lui avait poussé un très grand nombre de têtes, de bras et d'ailes, et de ses cuisses sortaient des dragons aux énormes replis ; il faisait entendre toute sorte de cris et rien ne pouvait résister à sa puissance. Le désir le prit de s'emparer du pouvoir de Zeus et il attaqua les dieux : aucun d'eux ne put lui faire face, mais pris de panique ils s'enfuirent tous en Égypte. Seuls restèrent Athéna et Zeus. Typhon se lança sur les traces des dieux, qui prirent la précaution de lui échapper en revêtant des formes animales. Apollon devint un milan, Hermès un ibis, Arès un *lépidôtos*[1], Artémis une chatte ; Dionysos prit la forme d'un bouc, Héraclès celle d'un faon, Héphaistos celle d'un bœuf et Léto celle d'une musaraigne ; bref, chacun changea d'apparence comme il put. Mais lorsque Zeus eut frappé Typhon de son foudre, alors celui-ci, en proie aux flammes, se dissimula dans la mer, dans laquelle il éteignit le feu. Zeus ne se relâche pas mais lance sur lui une très grande montagne, l'Etna, et il établit Héphaistos sur ses sommets pour le surveiller. Celui-ci, après avoir installé ses enclumes sur la nuque de Typhon, y travaille le fer en fusion.

Les Métamorphoses, XXVIII, « Typhon »

---

1. Poisson du Nil à grandes écailles.

HOMÈRE
VIIIe s. av. J.-C.

VIRGILE
Ier s. av. J.-C.

CLAUDIEN
Ve s. ap. J.-C.

Ovide

L'enlèvement d'Europe par la ruse de Zeus transformé en taureau. Cette célèbre métamorphose – qu'illustreront les peintres – est exemplaire de l'utilisation des métamorphoses à des fins de séduction. Le merveilleux se met au service de la ruse : le taureau se montre étonnamment doux pour tromper la jeune fille. Ovide justifie même la ruse comme la seule solution possible pour un dieu d'approcher une mortelle : « On ne voit guère s'accorder et habiter ensemble la majesté et l'amour. » Il parvient à gommer toute la violence de ce qui est en réalité une scène de viol. Il suspend son récit avant la consommation de l'acte, la jeune fille quittant la rive et glissant dans la mer vers son destin de victime éternelle. Les femmes sont punies – sexuellement punies – pour leur curiosité et leur naïveté : une situation qui perdurera pour bien des siècles encore. Christophe Honoré transposera cet épisode en une initiation consentie, un passage de l'adolescence à l'âge adulte voulu par Europe.

GARE AU TAUREAU !

Il dit et déjà les taureaux, chassés de la montagne, s'acheminent, comme il l'a ordonné, vers le rivage où la fille du puissant roi de cette contrée avait coutume de jouer avec les vierges de Tyr, ses compagnes. On ne voit guère s'accorder et habiter ensemble la majesté et l'amour ; lui-même, abandonnant son sceptre auguste, le père et souverain des dieux, dont la main est armée de la foudre au triple dard, qui d'un signe de tête ébranle l'univers, revêt l'apparence d'un taureau ; mêlé au troupeau, il mugit et promène ses belles formes sur le tendre gazon. Sa couleur est celle de la neige où aucun pied n'a encore mis sa dure empreinte et que n'a pas détrempée le souffle humide de l'Auster. Son cou est gonflé de muscles ; son fanon pend jusqu'à ses épaules ; ses cornes sont petites, mais on pourrait soutenir qu'elles ont été faites à la main et elles l'emportent par leur éclat sur une gemme d'une eau pure. Son front n'a rien de menaçant, ses yeux rien de redoutable ; une expression de paix règne sur sa face. La fille d'Agénor s'émerveille de voir un animal si beau et qui n'a pas l'air de chercher les combats ; pourtant, malgré tant de douceur, elle craint d'abord de le toucher. Bientôt elle s'en approche, elle présente des fleurs à sa bouche d'une blancheur sans tache. Son amant est saisi de joie et, en attendant la volupté qu'il espère, il lui baise les mains ; c'est avec peine maintenant, oui avec peine, qu'il remet le reste à plus tard. Tantôt il folâtre, il bondit sur l'herbe verte, tantôt il couche son flanc de neige sur le sable fauve ; lorsqu'il a peu à peu dissipé la crainte de la jeune fille, il lui présente tantôt son poitrail pour qu'elle le flatte de la main, tantôt ses cornes pour qu'elle y enlace des guirlandes fraîches. La princesse ose même, ignorant qui la porte, s'asseoir sur le dos du taureau ; alors le dieu, quittant par degrés le terrain sec du rivage, baigne dans les premiers flots ses pieds trompeurs ; puis il s'en va plus loin et il emporte sa proie en pleine mer. La jeune fille, effrayée, se retourne vers la plage d'où il l'a enlevée ; de sa main droite elle tient une corne ; elle a posé son autre main sur la croupe ; ses vêtements, agités d'un frisson, ondulent au gré des vents.

Les Métamorphoses, II, 847-876

HOMÈRE
VIIIe s. av. J.-C.

VIRGILE
Ier s. av. J.-C.

CLAUDIEN
Ve s. ap. J.-C.

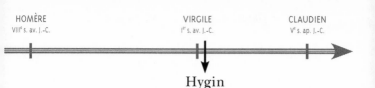

Hygin

Les métamorphoses sont ici non seulement un moyen de ruse, mais plus encore une manière de créer un nouvel ordre du monde.

QUIPROQUOS

Théophané fille de Bisaltès, d'une très grande beauté. Comme des prétendants en nombre la demandaient à son père, Neptune l'enleva et la fit passer dans l'île de Crumissa. Sachant qu'elle demeurait là, les prétendants préparèrent un navire et entreprirent de se rendre à Crumissa. Pour les tromper, Neptune changea Théophané en une très belle brebis, se changea lui-même en un bélier, et les habitants de Crumissa en moutons. Comme, une fois arrivés là, les prétendants ne voyaient aucun homme, ils se mirent à sacrifier les moutons et à les manger, comme une nourriture. Voyant qu'on mangeait ceux qu'il avait changés en moutons, il changea les prétendants en loups, et lui-même, sous sa forme d'un bélier, coucha avec Théophané ; de là naquit le bélier à toison d'or qui porta Phrixus en Colchide, et dont Aéétès déposa la peau dans le bois de Mars, peau que Jason emporta.

Fables, CLXXXVIII, « Théophané »

113

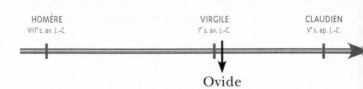

HOMÈRE
VIIIe s. av. J.-C.

VIRGILE
Ier s. av. J.-C.

CLAUDIEN
Ve s. ap. J.-C.

Ovide

*Le fleuve Alphée veut s'unir à la nymphe Aréthuse qui lui
résiste. Un magnifique récit à la première personne, qui fait
presque oublier qu'on entend là le témoignage étonnamment
précis, digne d'un thriller, d'une victime luttant contre son
violeur.*

AMOURS LIQUIDES

« J'étais une des nymphes de l'Achaïe, dit-elle ;
aucune autre ne se montrait plus ardente que moi
à parcourir les forêts, plus ardente à y poser ses
filets de chasse. Quoique je n'aie jamais cherché à
me faire une réputation de beauté et si courageuse
que je fusse, on ne m'appelait jamais que la belle
Aréthuse. Les éloges qu'on donnait trop volontiers à
ma figure ne me causaient aucun plaisir ; les avantages
du corps, dont les autres sont si fières, moi, dans ma
rusticité, j'en rougissais et je prenais pour un crime
le don de plaire. Brisée de fatigue, il m'en souvient,
je revenais de la forêt de Stymphale ; la chaleur était
accablante et ma lassitude la rendait plus accablante
encore. Je rencontre un fleuve qui coulait sans agitation et sans murmure, si transparent jusqu'au fond
qu'on pouvait compter tous les cailloux de son lit et
si calme qu'il semblait à peine couler. Des saules au
blanc feuillage et des peupliers nourris par ses eaux
étendaient sur le penchant de ses rives des ombrages
que la nature seule avait fait croître. Je m'approche
et d'abord je trempe la plante de mes pieds, puis
j'enfonce jusqu'aux jarrets ; ce n'était pas assez ; je
détache ma ceinture ; je dépose mes souples vêtements sur les branches inclinées d'un saule et je me
plonge nue dans les eaux. Tandis que je les fends et
les ramène à moi, me livrant aux mille jeux de la nage,

tandis que j'agite mes bras déployés, j'entends dans les profondeurs de l'onde je ne sais quel murmure ; effrayée, je prends pied sur la rive la plus voisine : "Où vas-tu si vite, Aréthuse ?" me crie Alphée du milieu de ses eaux : "Où vas-tu si vite ?" répète-t-il d'une voix rauque. Je m'enfuis telle que j'étais, sans vêtements : mes vêtements étaient restés sur la rive opposée ; il n'en est que plus acharné à me pour-suivre, plus brûlant de désir, et, comme j'étais nue, je lui semble plus facile à vaincre. Moi, je courais ; lui, sauvagement, me serrait de près ; ainsi les colombes, d'une aile tremblante, fuient devant l'épervier ; ainsi l'épervier presse les colombes tremblantes.

Jusque sous les murs d'Orchomène et de Psophis, jusqu'au pied du Cyllène, jusqu'aux vallées du Ménale, au frais Érymanthe et à Élis, ma vitesse se soutint ; car je n'étais pas moins agile que lui ; mais je ne pouvais faire durer longtemps la course, parce que mes forces n'y suffisaient pas ; lui, il était capable de fournir un long effort. Et pourtant à travers les plaines, les montagnes couvertes de forêts, les pierres, les rochers et les lieux sans chemins, je courais toujours. Le soleil était derrière mon dos ; je vis une grande ombre s'allonger devant mes pieds ; peut-être n'était-ce là qu'une illusion de la peur ; mais à coup sûr j'entendis avec effroi résonner ses pas et je sentis le souffle violent de sa bouche agiter les bandelettes de ma chevelure. Épuisée par la fatigue de la course : "Viens à mon secours ; je suis prise, ô Diane, m'écriai-je ; sauve la gardienne de tes armes, celle que tu as si souvent chargée de porter ton arc et les flèches enfermées dans ton carquois." La déesse fut touchée ; amenant avec elle un épais nuage, elle le jeta sur moi. À peine suis-je enveloppée de ses brouillards que le fleuve va et vient et, ignorant que j'y suis, me cherche autour du nuage ; deux fois, sans le savoir, il fait le tour de la retraite où la déesse m'avait enfermée ; deux fois il m'appelle : "Io, Aréthuse ! Io, Aréthuse !" Quel fut alors l'émoi de mon pauvre cœur ! N'étais-je pas comme l'agnelle qui, du fond de l'étable, entend les loups gronder alentour, ou comme le lièvre qui, tapi sous un buisson, aperçoit les museaux hostiles des chiens sans oser faire un mouvement ? Cependant Alphée ne quitte pas la place ; car il ne voit plus loin aucune trace de mes pas ; ses yeux restent attachés sur l'espace que couvre la nuée. Pendant qu'il m'assiège, une sueur froide se répand sur mes membres, des gouttes azurées s'écoulent de tout mon corps ; partout où je pose le pied il se forme une mare ; une rosée tombe de mes cheveux et, en moins de temps que je n'en mets à te le raconter, je suis changée en fontaine. Mais le fleuve reconnaît dans ces eaux celle qu'il aime ; il se dépouille de la figure humaine qu'il avait empruntée et, afin de s'unir à moi, il reprend sa forme liquide. La déesse de Délos ouvre la terre et moi, plongeant dans ses sombres cavernes, je poursuis ma course jusqu'à Ortygie[1], qui, chère à mon cœur parce qu'elle porte le surnom de ma divine protectrice, m'a, la première, ramenée à la surface de la terre, sous la voûte des cieux. »

Les Métamorphoses, V, 577-641

---

1. Ancien nom de l'île de Délos, où Diane est née.

HOMÈRE
VIIIᵉ s. av. J.-C.

VIRGILE
Iᵉʳ s. av. J.-C.

CLAUDIEN
Vᵉ s. ap. J.-C.

Antoninus Liberalis

Sa beauté fut fatale à Hylas. Mais ses amis lui restèrent fidèles, et le cherchent encore.

BEAUTÉ FATALE

Lorsque Héraclès partit en expédition avec les Argonautes, qui l'avaient désigné comme leur chef, il emmena avec lui Hylas, fils de Céyx, jeune homme d'une grande beauté. Ils avaient atteint les détroits du Pont et navigué le long des contreforts d'Arganthone lorsqu'une tempête souleva les flots : ils jetèrent l'ancre en cet endroit et y relâchèrent. Héraclès prépara le dîner pour les héros. Hylas alla avec une cruche au bord du fleuve Ascanios chercher de l'eau pour les chefs. Les nymphes, filles du fleuve, le virent, s'éprirent de lui et, au moment où il puisait de l'eau, elles l'entraînèrent dans la source. Hylas disparut, et Héraclès, ne le voyant pas revenir, quitta les héros et se mit à fouiller la forêt en tous sens, appelant Hylas à grands cris. Les nymphes, craignant qu'Héraclès ne le trouvât caché parmi elles, transformèrent Hylas en écho qui répondit souvent aux cris d'Héraclès. Celui-ci, après avoir fait l'impossible pour retrouver Hylas sans y être parvenu, revint auprès du navire et s'embarqua avec les héros, mais il laissa Polyphème sur les lieux, pensant que celui-ci pourrait continuer les recherches et lui retrouver Hylas. Or Polyphème mourut avant d'y parvenir. Les gens du pays offrent encore de nos jours des sacrifices à Hylas au bord de la source. Le prêtre l'appelle trois fois par son nom et trois fois l'écho lui répond.

Les Métamorphoses, XXVI, « Hylas »

Apulée

La magicienne Photis promet à Lucius de le transformer en oiseau ; mais elle se trompe de boîte, et le voilà changé en âne. « Ta fatale curiosité t'a valu une amère récompense », conclut l'auteur. Le héros s'est cru malin : le voilà puni de son orgueil.

QUEL ÂNE !

Tout en renouvelant ces assurances, elle se glisse dans la chambre, palpitante d'émoi, et tire une boîte du coffret. Je saisis la boîte et la baise, je la requiers de m'accorder la faveur d'un vol heureux ; puis, ôtant à la hâte tous mes vêtements, j'y plonge avidement les mains, puise une bonne dose d'onguent, en frotte toutes les parties de mon corps. Et déjà je faisais l'oiseau, m'essayant à balancer alternativement mes bras ; de duvet, cependant, et de plumes, pas de trace ; mais mes poils, oui, s'épaississaient en crins, ma peau tendre durcit comme cuir ; à l'extrémité de mes mains, le compte se perd de mes doigts, tous ramassés en un unique sabot, et du bas de mon échine sort une longue queue. Me voici maintenant avec une face monstrueuse, une bouche qui s'allonge, des narines béantes, des lèvres pendantes ; mes oreilles, à leur tour, grandissent démesurément et se hérissent de poils. Désastreuse métamorphose, et qui m'offrait pour toute consolation, empêché que j'étais désormais de tenir Photis entre mes bras, le développement de mes avantages naturels. Dépourvu de tout moyen de salut, je considérais mon corps sous tous ses aspects et, n'apercevant en fait d'oiseau qu'un âne, je maudissais la conduite de Photis ; mais, n'ayant plus de l'homme ni la voix ni le geste, j'étais réduit, ne pouvant faire plus, à la regarder de côté, la lippe

118

tombante, les yeux tombants, et à lui adresser des reproches muets.

[...]

Moi, cependant, bien qu'âne achevé, et de Lucius devenu bête de somme, j'avais conservé une intelligence humaine. Et je délibérai longuement en moi-même si je devais tuer l'abominable scélérate en l'assommant à coups de sabots ou en l'assaillant avec mes dents. Mais j'abandonnai après réflexion ce projet inconsidéré : si, pour punir Photis, je la mettais à mort, je supprimais du même coup le secours d'où dépendait ma guérison. Baissant donc la tête et la secouant, je ruminais à part moi mon humiliation momentanée et, m'accommodant de ma dure situation, je me rendis à l'écurie, auprès de mon cheval, ma loyale monture.

Les Métamorphoses, III, 24-26

La magicienne l'avait prévenu : pour retrouver sa forme humaine, le héros doit manger des roses. L'auteur se moque des métamorphoses qui abondent dans la littérature antique, et en propose une version parodique.

IL FAUT SOUFFRIR POUR ÊTRE BEAU

Alors, palpitant d'émotion, et mon cœur battant à coups redoublés, je saisis avidement cette couronne, étincelante des fraîches roses dont elle était tressée, et je la dévorai, impatient de voir s'accomplir la promesse. Elle n'avait pas menti, la promesse céleste. Ma hideuse face de bête tombe sur-le-champ. C'est d'abord ce poil broussailleux qui s'en va ; puis ma peau épaisse s'amincit, mon ventre obèse se dégonfle, à la plante de mes pieds la corne des sabots laisse émerger des doigts, mes mains ne sont plus des pieds et se prêtent aux fonctions de membre supérieur, mon long cou est ramené à de justes limites, mon visage et ma tête s'arrondissent, mes oreilles énormes retrouvent leur petitesse première, mes dents semblables à des pavés reviennent à des proportions humaines.

Les Métamorphoses, XI, 13

VII

LES POUVOIRS
DU DÉGUISEMENT

Les métamorphoses des dieux sont rapides, quasi instantanées, fréquentes, et présentées comme normales. Ces transformations incessantes ne choquent personne : magie ordinaire des dieux. Quand Athéna se déguise pour apparaître aux hommes, ceux-ci n'ont pas conscience du prodige : elle ne leur apparaît que déguisée – en homme, en hirondelle... – et ils ne peuvent que constater sa présence sous cette forme. Quand elle se retransforme en déesse, elle disparaît à leurs yeux. Apparition, disparition : nul ne s'en soucie. La réversibilité est un caractère essentiel de la métamorphose de déguisement.

Le déguisement peut être un moyen d'éprouver la moralité d'un humain. C'est le cas dans l'épisode où Junon se déguise en vieille femme pour voir qui l'aidera à traverser la rivière, ainsi raconté par Hygin : « Junon voulut toujours, également, que Jason fût sauvé pour la raison que, voulant éprouver les esprits des hommes, elle s'était rendue auprès d'un fleuve sous les traits d'une vieille femme et avait demandé qu'on la fît passer : alors que tous ceux qui traversaient la méprisaient, il la fit, lui, passer » (fable n° XXII). La fonction morale du récit de métamorphose est fondamentale, et se retrouve plus tard dans les contes.

Du côté des hommes, le déguisement est toujours bien plus que ces « jeux anodins » dont parle Ulysse. C'est se livrer au jeu dangereux que représente le passage d'une forme à une autre. De quoi se cache-t-on quand on se déguise ? À quelle identité veut-on renoncer ? Pourquoi s'en créer une autre ? Se déguiser, c'est vouloir être, l'espace d'un moment, ce qu'on n'est pas. Goûter à cette transgression. Avec, toujours, le risque de mettre en péril son identité.

C'est précisément ce qu'éprouvent les acteurs de théâtre. L'acteur se transforme par le masque et le maquillage. Des hommes jouent des rôles de femmes. Le théâtre est un lieu privilégié de métamorphose, mais elle y est ponctuelle et réversible, limitée au temps de la représentation. La catharsis que la pièce exerce sur le public peut également être vue comme une métamorphose.

L'identité est-elle mise en péril par le déguisement ? Ulysse n'est reconnu par personne sinon par son chien. Est-ce bien lui ? Est-ce encore lui ? Athéna apparaît le plus souvent sous les traits d'une belle et grande femme, mais est-ce vraiment elle ? Comment représenter un dieu ? Invisibles, les dieux doivent s'incarner pour descendre sur terre et fréquenter les mortels. La métamorphose est leur être-au-monde. Le déguisement leur est naturel : ils sont eux-mêmes des métamorphoses perpétuelles. Et les poètes, en les racontant, font des métamorphoses un art visuel et vivant.

HOMÈRE
VIIIᵉ s. av. J.-C.

VIRGILE
Iᵉʳ s. av. J.-C.

CLAUDIEN
Vᵉ s. ap. J.-C.

Diodore de Sicile

Diodore explique que les métamorphoses, qui font la répu-
tation des Grecs, proviennent d'abord du déguisement. Puis
l'usage s'est pérennisé.

D'OÙ VIENNENT LES MÉTAMORPHOSES ?

Après la fin de ce roi et une période de vacance
de pouvoir qui s'étendit sur cinq générations, on
choisit un roi parmi les personnes obscures, auquel
les Égyptiens donnent le nom de Kéten et qui semble
chez les Grecs être le Protée qui vécut à l'époque de
la guerre de Troie. La tradition rapporte qu'il avait
la connaissance des vents et qu'il changeait de forme
pour apparaître tantôt sous les traits d'un animal
tantôt en arbre, en feu, ou en n'importe quoi, et
ce qu'en disent les prêtres est en accord avec cela.
En effet, de son intimité avec les astrologues qu'il
fréquentait assidûment, le roi avait acquis la connaissance de tels domaines, mais c'est d'un usage qui se
transmettait aux rois qu'est née la légende des transformations d'apparence chez les Grecs. Car il était
d'usage chez les souverains d'Égypte, dit-on, de se
couvrir la tête d'une face de lion, de taureau ou de
serpent, emblèmes du pouvoir. Ils avaient aussi sur la
tête parfois des branches d'arbre, du feu ou encore
parfois des parfums odorants en quantité non négli-
geable et par ces moyens ils se paraient pour offrir
une belle apparence, en même temps qu'ils susci-
taient chez les autres la stupeur et des sentiments de
sainte frayeur.

Bibliothèque historique, I,
« Naissance des dieux et des hommes », chap. 62.

Homère

Athéna a le pouvoir de transformer les autres mais aussi de se transformer : en homme (Mentor) pour guider Télémaque, en fillette qui renseigne Ulysse en Phéacie, en hirondelle posée sur une poutre pour assister au massacre des prétendants… En changeant d'apparence, elle endort la méfiance des hommes et obtient leurs confidences. Ses pouvoirs de déguisement n'ont d'égal que la ruse d'Ulysse.

L'ART DU DÉGUISEMENT

Athéna vint à lui. Elle avait les traits d'un jeune pastoureau, d'un tendre adolescent qui serait fils de roi. Sur l'épaule, elle avait la double et fine cape, à la main la houlette et, sous ses pieds luisants, la paire de sandales.

Ulysse en la voyant eut le cœur plein de joie. Il vint à sa rencontre et dit ces mots ailés :

ULYSSE. – Ami, puisqu'en ces lieux c'est toi que, le premier, je rencontre, salut ! Accueille-moi sans haine ! et sauve-moi ces biens !… et me sauve moi-même ! Comme un dieu, je t'implore et suis à tes genoux. Dis-moi tout net encore ; j'ai besoin de savoir : quel est donc ce pays ? et quel en est le peuple ? et quelle en est la race ?… Est-ce une île pointant sur les flots comme une aire ou, penchée sur la mer, n'est-ce que l'avancée d'un continent fertile ?

Athéna, la déesse aux yeux pers, répliqua :

ATHÉNA. – Es-tu fol, étranger, ou viens-tu de si loin ?… Sur cette terre, ici, c'est toi qui m'interroges ? Pourtant, elle n'est pas à ce point inconnue : elle a son grand renom, aussi bien chez les gens de l'aube et du midi que dans les brumes du noroît[1], au fond

---

1. Vent du nord-ouest.

du monde ! [...] Et voilà, étranger, pourquoi le nom d'Ithaque est allé jusqu'à Troie, que l'on nous dit si loin de la terre achéenne.

À ces mots, quelle joie eut le divin Ulysse ! Reprenant la parole, le héros d'endurance lui dit ces mots ailés – mais c'était menteries ; pour jouer sur les mots, jamais en son esprit les ruses ne manquaient :

ULYSSE. – Ithaque ! on m'en parla, loin d'ici, outre-mer, dans les plaines de Crète. Je ne fais qu'arriver avec ce chargement ; j'en ai laissé là-bas autant à ma famille, le jour que j'ai dû fuir, après avoir tué, dans nos plaines de Crète, le fils d'Idoménée, le coureur d'Orsiloque, qui, pour ses pieds légers, n'avait pas de rival chez les pauvres humains. Il voulait me priver de tout ce butin-là [...].

À ces mots, Athéna, la déesse aux yeux pers, eut un sourire aux lèvres. Le flattant de la main et reprenant ses traits de femme, elle lui dit ces paroles ailées :

ATHÉNA. – Quel fourbe, quel larron, quand ce serait un dieu, pourrait te surpasser en ruses de tout genre !... Pauvre éternel brodeur ! n'avoir faim que de ruses !... Tu rentres au pays et ne penses encore qu'aux contes de brigands, aux mensonges chers à ton cœur depuis l'enfance... Trêve de ces histoires ! nous sommes deux au jeu : si, de tous les mortels, je te sais le plus fort en calculs et discours, c'est l'esprit et les tours de Pallas Athéna que vantent tous les dieux... Tu n'as pas reconnu cette fille de Zeus, celle qu'à tes côtés, en toutes tes épreuves, tu retrouvas toujours, veillant à ta défense, celle qui te gagna le cœur des Phéaciens ! Et maintenant encore, si tu me vois ici, c'est que je veux tramer avec toi tes projets et cacher ces richesses qu'au départ tu reçus des nobles Phéaciens, quand je leur en donnai l'idée et le conseil... Sache donc les soucis que, jusqu'en ton manoir, le destin te réserve. Il faudra tout subir, sans jamais confier à quiconque, homme ou femme, que c'est toi qui reviens après tant d'aventures ; sans mot dire, il faudra pâtir de bien des maux et te prêter à tout, même à la violence !

Ulysse l'avisé lui fit cette réponse :

ULYSSE. – Déesse, quel mortel, quelque habile qu'il soit, pourrait te reconnaître aussitôt rencontrée : tu prends toutes les formes !...

Odyssée, XIII, 221-312

Athéna transforme Ulysse en vieux mendiant afin que, de retour à Ithaque, il ne soit pas reconnu et demeure en sécurité.

UN SACRÉ COUP DE VIEUX !

Elle dit et, l'ayant touché de sa baguette, flétrit sa jolie peau sur ses membres flexibles ; de sa tête, ses cheveux blonds étaient tombés ; il avait sur le corps la peau d'un très vieil homme ; ses beaux yeux d'autrefois n'étaient plus qu'éraillures ; sa robe n'était plus que haillons misérables, loqueteux et graisseux, tout mangés de fumée. Puis Pallas Athéna, lui jetant sur le dos la grande peau râpée d'un cerf aux pieds rapides, lui donna un bâton et une sordide besace, qui n'était que lambeaux pendus à une corde.

Odyssée, XIII, 429-439

Re-transformation d'Ulysse. Une cure de jeunesse instantanée ; si surprenante, que le fils ne reconnaît pas le père.

UN LIFTING EFFICACE !

À ces mots, le touchant de sa baguette d'or, Athéna lui remit d'abord sur la poitrine sa robe et son écharpe tout fraîchement lavée, puis lui rendit sa belle allure et sa jeunesse : sa peau redevint brune, et

HOMÈRE
VIIIᵉ s. av. J.-C.

VIRGILE
Iᵉʳ s. av. J.-C.

CLAUDIEN
Vᵉ s. ap. J.-C.

Hygin

La métamorphose peut produire, comme au théâtre, un quiproquo. Ici des époux l'utilisent pour se piéger l'un l'autre, et mettre leur fidélité à l'épreuve. Mais les conséquences ne sont pas drôles...

VAUDEVILLE TRAGI-COMIQUE

Procris, fille de Pandion ; Céphalus, fils de Déion, l'épousa. Unis d'un amour réciproque, ils se jurèrent mutuellement de ne pas coucher avec quelqu'un d'autre. Comme, poussé par son goût pour la chasse, Céphalus était allé un matin en montagne, Aurora, l'épouse de Tithon, s'éprit de lui et lui demanda de coucher avec elle, ce que Céphalus refusa, vu le serment fait à Procris. Aurora lui dit alors : « Je ne veux pas que tu rompes ton serment à moins qu'elle ne l'ait rompu la première. » Elle lui donne donc la forme d'un voyageur, et lui fournit des cadeaux de prix à remettre à Procris. Venu sous sa nouvelle forme, Céphalus remit les cadeaux à Procris et coucha avec elle ; Aurora lui retira sa forme de voyageur. Lorsqu'elle vit Céphalus, elle comprit qu'elle avait été trompée par Aurora et alla se réfugier dans l'île de Crète, où chassait Diane. Quand elle la vit, Diane lui dit : « Ce sont des vierges qui chassent avec moi : tu n'es pas vierge, écarte-toi de cette compagnie ! » Procris lui révéla ses malheurs et la ruse d'Aurora. Touchée de pitié, Diane lui donne un javelot, que personne ne pouvait éviter, et le chien Laelaps, qu'aucun fauve ne pouvait mettre en fuite, et lui ordonne d'aller se mesurer à Céphalus. Les cheveux coupés, pareille à un jeune homme, elle se rendit, selon la volonté de Diane, auprès de Céphalus, le défia et l'emporta sur lui à la chasse. Voyant les pouvoirs du javelot et du chien, Céphalus demanda au voyageur, sans penser que c'était sa femme, de lui vendre l'un et l'autre. Celle-ci refusa d'emblée. Il promet une part de son royaume ; elle refuse ; « mais, dit-elle, si tu persistes absolument à les vouloir à tout prix, donne-moi ce que les enfants ont coutume de donner ». Brûlant de désir pour le javelot et le chien, il promet de le donner. Lorsqu'ils furent arrivés dans la chambre, Procris leva sa tunique, et montra qu'elle était et une femme et son épouse ; Céphalus, une fois reçus ses présents, se réconcilia avec elle. N'en redoutant pas moins Aurora, elle le suivit un matin afin de l'espionner et se cacha dans un buisson ; voyant bouger le buisson, Céphalus lança son javelot inévitable et tua son épouse Procris. D'elle, Céphalus eut pour fils Arcésius, dont est né Laerte, père d'Ulysse.

Fables, CLXXXIX, « Procris »

VIII

ANIMÉ ET INANIMÉ

L'une des transgressions les plus grandes, qui classe définitivement les métamorphoses au rang des phénomènes surnaturels, est le passage de l'inanimé à l'animé. Donner la vie est un privilège divin, dont rendent compte ces récits de métamorphoses. Les hommes sont nés de la boue, comme Pandore ; Pygmalion voit sa statue prendre vie. Pour séduire Danaé, Jupiter se transforme en une pluie d'or qu'il fait couler sur elle et qui la féconde. La biologie est souvent bouleversée : Adonis naît du tronc d'un arbre. Les métamorphoses installent un nouvel ordre du monde.

À l'inverse, nombre de métamorphoses font passer un homme de l'animé à l'inanimé : elles arrêtent le cours de la vie ; elles déshumanisent. Niobé est transformée en un rocher qui pleure ; Aréthuse, en fontaine. Hermès pétrifie le bavard Battos pour avoir manqué à sa parole. On notera que la seule métamorphose présente dans la Bible est également de cet ordre : la femme de Loth transformée en statue de sel. La réification de l'homme est une punition. Elle peut aussi avoir une fonction comique, comme le montrera Bergson, et comme le pressentent déjà certains auteurs.

HOMÈRE
VIIIe s. av. J.-C.

VIRGILE
Ier s. av. J.-C.

CLAUDIEN
Ve s. ap. J.-C.

Homère

Poséidon transforme en rocher le navire des Phéaciens qui raccompagnent Ulysse à Ithaque.

BATEAU-ROCHER

POSÉIDON. – J'aurais depuis longtemps fait ce que tu dis là, dieu des sombres nuées ! Mais je crains ta colère et voudrais l'éviter. Aujourd'hui, quand je vois, dans la brume des mers, les Phéaciens rentrer de cette reconduite, je pense à disloquer leur solide vaisseau, pour que, rendus prudents, ils quittent désormais ce métier de passeurs.

Zeus, l'assembleur des nues, lui fit cette réponse :

ZEUS. – Cher, voici le parti que choisirait mon cœur. Quand les gens de la ville pourront voir leur vaisseau, de la pomme à la quille, rentrant à pleine vogue, j'en ferais un rocher tout proche de la rive : que ce croiseur de pierre étonne les humains !

Il dit, et Poséidon, l'ébranleur de la terre, eut à peine entendu qu'il s'en fut en Schérie, en terre phéacienne, et là, il attendit. Le croiseur, arrivant du large, était tout proche ; il passait en vitesse : l'Ébranleur de la terre fit un pas, étendit la main et, le frappant, l'enracina au fond des eaux comme une roche. Puis il s'en retourna.

[...]

ALKINOOS. – Ah ! misère ! Je vois s'accomplir les oracles du vieux temps de mon père : Poséidon, disait-il, nous en voudrait un jour de notre renommée d'infaillibles passeurs et, lorsque reviendrait de quelque reconduite un solide croiseur du peuple phéacien, le dieu le briserait dans la brume des mers, puis couvrirait le bourg du grand mont qui l'encercle. Tous ces mots du vieillard vont-ils s'accomplir ?… Allons, croyez-m'en tous : faites ce que je dis ; renonçons à passer quiconque vient chez nous : offrons à Poséidon douze taureaux au choix ; implorons sa pitié ; qu'il laisse notre bourg sans l'avoir recouvert de la longue montagne.

Odyssée, XIII, 146-182

Athéna fait naître aux yeux d'Ulysse tout un paysage : il reconnaît alors sa patrie. Le vide produit du plein : apparition fugace qui relève du prodige. Il ne s'agit plus d'un paysage mental, d'un souvenir : l'espace de quelques instants, tout devient réel pour Ulysse. Cette métaphore du rêve éveillé aura une longue fortune dans la peinture et la littérature – qu'on pense par exemple au Songe de Polyphile *au* XVIe *siècle.*

UN RÊVE ÉVEILLÉ

ATHÉNA. – Mais regarde avec moi le sol de ton Ithaque : tu me croiras peut-être... La rade de Phorkys, le Vieillard de la mer, le voici ! et voici l'olivier qui s'éploie à l'entrée de la rade ! Voici l'antre voûté, voici la grande salle où tu vins, tant de fois, offrir une parfaite hécatombe aux naïades ! et voici, revêtu de ses bois, le Nérite[1] !

À ces mots, Athéna dispersa la nuée : le pays apparut ; quelle joie ressentit le héros d'endurance ! il connut le bonheur, cet Ulysse divin. Sa terre ! il en baisait la glèbe nourricière, puis, les mains vers le ciel, il invoquait les nymphes :

ULYSSE – Ô vous, filles de Zeus, ô nymphes, ô naïades, que j'ai cru ne jamais revoir, je vous salue !... Acceptez aujourd'hui mes plus tendres prières. Bientôt, comme autrefois, vous aurez mes offrandes, si la fille de Zeus, la déesse au butin, me restant favorable, m'accorde, à moi, de vivre, à mon fils, de grandir !

Odyssée, XIII, 345-360

1. Montagne au sud d'Ithaque.

HOMÈRE
VIIIᵉ s. av. J.-C.

VIRGILE
Iᵉʳ s. av. J.-C.

CLAUDIEN
Vᵉ s. ap. J.-C.

Virgile

Les Troyens se sont retranchés dans leur camp ; pour
les forcer à sortir, Turnus, roi des Rutules, ennemi d'Énée,
entreprend d'incendier leurs navires. Mais ceux-ci – dont
le plus fameux, l'Argo – sont dotés de pouvoirs magiques :
ils ont le don de parole et de voyance, car ils sont faits de
chênes provenant du bois sacré de l'oracle de Dodone. Les
arbres dont le bois compose les navires étant dotés d'une âme,
c'est cette âme qui change de corps. L'arbre se transforme en
navire, qui ainsi revit en nymphe.

NAVIRES-NYMPHES

Le jour promis était donc arrivé, les Parques
avaient empli les temps prescrits, quand l'attentat
de Turnus avertit la Mère d'écarter la torche de
ses vaisseaux sacrés. Et tout d'abord une lumière
inconnue éblouit les yeux ; parti des rives de l'Aurore,
un nuage immense parut traverser le ciel, et aussi
bien les chœurs de l'Ida ; alors une voix redoutable
éclate dans les airs, elle emplit les oreilles de tous,
Troyens, Rutules, en leurs bataillons : « N'ayez souci,
Troyens, pour mes vaisseaux défendre, et n'armez
pas vos mains ; Turnus pourra plutôt mettre le feu
à la mer qu'à ces pins sacrés. Vous, quittez le rivage,
allez, déesses marines ; votre mère vous l'ordonne. »
Aussitôt chacune des poupes brise les chaînes qui la
retenaient sur la rive ; semblables à des dauphins,
plongeant leur rostre[1], elles gagnent les profondeurs.
Puis elles reparaissent, merveilleux prodige, comme
autant de formes virginales, et se portent vers la mer.
Les Rutules sont frappés de stupeur, Messapus
même s'effraie et ses cheveux s'affolent ; le fleuve

---

1. Éperon fixé sur la proue des navires pour aider à l'abordage.

aussi hésite, Tibérinus, avec un grondement rauque, et il ramène ses pas en arrière. Mais l'impétueux Turnus n'a pas perdu son assurance ; bien mieux, il excite le courage des siens ; bien mieux, il les invective en ces termes : « Ces prodiges sont dirigés contre les Troyens ; voilà que Jupiter lui-même leur a ravi leur secours ordinaire ; ils n'attendent ni les traits ni le feu des Rutules. Donc les mers n'ont plus de route pour eux, il ne leur reste aucun espoir de fuir ; la moitié du monde vient de leur être interdite et la terre est dans nos mains : tant de milliers se lèvent en armes chez les nations italiennes ! »

Énéide, IX, 107-133

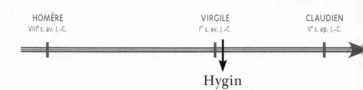

HOMÈRE
VIIIᵉ s. av. J.-C.

VIRGILE
Iᵉʳ s. av. J.-C.

CLAUDIEN
Vᵉ s. ap. J.-C.

Hygin

Hygin évoque la Gorgone qui change en pierre ceux qui la regardent. Cet épisode rappelle l'importance de la vision dans les métamorphoses, qui se constatent au premier regard.

LE REGARD QUI TUE

Cassiopè plaçait la beauté de sa fille Andromède au-dessus de celles des Néréides ; pour cela, Neptune exigea qu'Andromède fille de Céphée fût offerte à un monstre. Alors qu'elle était ainsi offerte, Persée, volant avec les talonnières de Mercure, vint, dit-on, la libérer du danger ; comme il voulait l'emmener, Céphée son père, avec Agénor, à qui elle avait été fiancée, projeta en secret de tuer Persée. L'ayant appris, il tourna vers eux la tête de la Gorgone et tous quittèrent leur aspect humain pour être changés en rochers. Persée revint avec Andromède dans sa patrie. Polydectès – ou Proteus – quand il vit la valeur de Persée, eut grand peur et voulut le tuer par traîtrise ; l'ayant appris, Persée tourna vers lui la tête de la Gorgone et, quittant son aspect humain, il fut changé en pierre.

Fables, LXIV, « Andromède »

Ce célèbre épisode, où apparaissent le roi Midas et le fleuve Pactole, a un but moral : montrer que l'or ne peut satisfaire tous les besoins.

UNE RICHE MÉTAMORPHOSE...
BIEN ENCOMBRANTE

[...] Apollon fit un concours de flûte avec Marsyas ou Pan : alors que Timolus donnait la victoire à Apollon, Midas dit qu'il fallait la donner plutôt à Marsyas. Irrité, Apollon dit alors à Midas : « Celui dont tu as eu l'esprit dans ton jugement, tu en auras aussi les oreilles » ; et, sur ses paroles, il lui fit pousser les oreilles d'un âne. À cette époque, alors que Liber Pater menait sa troupe en Inde, Silène se perdit : Midas l'accueillit généreusement et lui donna un guide pour le ramener auprès de Liber. En remerciement, Liber Pater lui donna le pouvoir de lui demander ce qu'il voudrait. Midas lui demanda que tout ce qu'il toucherait se changeât en or. Quand il l'eut obtenu et qu'il se fut rendu au palais, tout ce qu'il touchait se changeait en or. Comme il était désormais torturé par la faim, il demanda à Liber de lui reprendre ce bien beau cadeau ; Liber lui ordonna de se laver dans le fleuve Pactole, dont l'eau, quand son corps l'eut touchée, prit une couleur dorée. En Lydie, on appelle à présent ce fleuve Chrysorrhoas.

Fables, CXCI, « Le roi Midas »

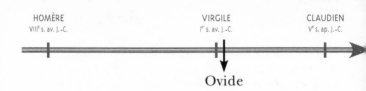

HOMÈRE
VIIIe s. av. J.-C.

VIRGILE
Ier s. av. J.-C.

CLAUDIEN
Ve s. ap. J.-C.

Ovide

Dans la version d'Ovide, l'épisode a tout du conte : un prodige et une fin édifiante. Le poète insiste sur la culpabilité de Midas, son hybris qui le pousse à un mauvais usage de la métamorphose qui lui a été offerte. Celle-ci finit par se retourner contre lui. Les métamorphoses sont à utiliser avec modération.

L'ARGENT NE FAIT PAS LE BONHEUR

À peine Midas a-t-il reconnu l'ami du dieu [Silène], le compagnon associé à ses mystères, qu'il célèbre l'arrivée d'un tel hôte par des fêtes joyeuses pendant deux fois cinq jours et autant de nuits consécutives. Déjà pour la onzième fois Lucifer, dans les cieux, avait emmené avec lui l'armée des étoiles, lorsque le roi, tout joyeux, arrive dans les champs de la Lydie et rend Silène au jeune dieu [Bacchus] qui fut son nourrisson. Celui-ci lui permet, faveur agréable mais pernicieuse, de choisir une récompense à son goût, tant il est heureux d'avoir retrouvé celui qui l'éleva. Midas devait abuser du cadeau : « Fais, dit-il, que tout ce que mon corps aura touché se convertisse en or aux fauves reflets. » Liber exauce ce souhait et s'en acquitte en lui accordant un privilège qui lui sera funeste, avec le regret qu'il n'ait pas fait un vœu plus sage.

Le héros du Bérécynthe[1] s'en va content ; il se félicite de ce qui doit faire son malheur et, pour s'assurer que la promesse n'est pas vaine, pour éprouver son pouvoir, il touche tout ce qu'il rencontre. Se fiant avec peine à lui-même, il cueille sur une yeuse de faible hauteur un rameau que couvre un vert feuillage : le

---

1. Montagne de Phrygie, dont Midas est roi.

rameau est devenu un rameau d'or. Il ramasse une pierre : la pierre aussi a pris la pâle couleur de l'or. Il touche une motte de terre : à ce contact puissant la motte devient un lingot. Il coupe des épis secs, dons de Cérès : sa moisson était d'or. Il tient dans sa main un fruit qu'il vient de cueillir sur un arbre : on croirait que c'est un présent des Hespérides. Applique-t-il ses doigts sur les hautes portes de son palais, on voit ces portes lancer des rayons ; quand il a baigné ses mains dans une eau limpide, cette eau qui ruisselle de ses mains aurait de quoi tromper Danaé[2]. À peine peut-il lui-même contenir les espérances qui s'offrent à son esprit ; dans son imagination il voit tout en or. Ravi d'aise, il prend place devant la table que ses serviteurs ont chargée de mets et où abonde le froment grillé. Mais alors, si sa main touchait les dons de Cérès, les dons de Cérès durcissaient à l'instant ; s'il s'apprêtait à déchirer les mets d'une dent avide, ces mets disparaissaient dès qu'il portait la dent sous une lame du fauve métal ; s'il mêlait à une eau pure la liqueur du dieu qui l'avait exaucé, on voyait de l'or fondu couler entre ses lèvres ouvertes. Épouvanté d'un mal si nouveau, à la fois riche et misérable, il ne demande plus qu'à fuir tant d'opulence et ce qu'il avait souhaité naguère lui fait horreur. Au milieu de l'abondance, il n'a pas de quoi apaiser sa faim ; la soif dessèche et brûle son gosier ; il maudit cet or qui lui vaut des tourments trop mérités. Levant vers le ciel ses mains et ses bras resplendissants : « Pardonne, s'écrie-t-il, Lénéus, ô notre père ; c'est ma faute ; arrache-moi à ce brillant fléau. » La puissance des dieux est indulgente ; le coupable avouait ; Bacchus lui rend sa nature première et retire la faveur que, fidèle à ses engagements, il lui avait accordée. « Tu ne peux pas, lui dit-il, rester enduit de cet or que tu as si imprudemment souhaité ; va-t'en vers le fleuve

2. Danaé fut fécondée par Jupiter déguisé en pluie d'or.

voisin de la grande ville de Sardes et, en remontant son cours entre les hauteurs de ses bords, poursuis ta route jusqu'à ce que tu arrives à l'endroit où il prend naissance ; alors, quand tu seras devant sa source écumante, là où il jaillit en flots abondants, immerge ta tête sous les eaux ; lave en même temps ton corps et ta faute. » Le roi, docile à cet ordre, se plonge dans la source ; la vertu qu'il possède de tout changer en or donne aux eaux une couleur nouvelle et passe du corps de l'homme dans le fleuve. Aujourd'hui encore, pour avoir reçu le germe de l'antique filon, le sol de ces campagnes est durci par l'or qui jette ses pâles reflets sur la glèbe humide.

Les Métamorphoses, XI, 94-145

Le célèbre mythe de Pygmalion – le créateur qui tombe amoureux de sa créature – a inspiré les écrivains (que l'on pense au Chef-d'œuvre inconnu *de Balzac ou aux* Aventures de Pinochio *de Collodi), les peintres, et est passé jusque dans le langage ordinaire. Tout sculpteur opère une métamorphose : de la matière brute il fait naître une forme. Chez Ovide, voici l'une des rares métamorphoses à connaître une fin heureuse. Car, si Pygmalion sculpte la perfection, c'est Vénus qui lui donne vie. Elle récompense ainsi la ferveur de l'amour. Ce texte superbe n'est pas dépourvu d'ambiguïtés, qui en font toute la richesse : la création-créature de Pygmalion a tout de la femme-objet ; et n'y a-t-il pas de l'auto-érotisme chez cet homme qui, à travers sa création, est d'abord amoureux de lui-même ?*

LE SCULPTEUR QUI N'ÉTAIT PAS DE MARBRE

Témoin de l'existence criminelle qu'elles avaient menée, et révolté des vices dont la nature a rempli le cœur des femmes, Pygmalion vivait sans compagne, célibataire ; jamais une épouse n'avait partagé sa

couche. Cependant, grâce à une habileté merveilleuse, il réussit à sculpter dans l'ivoire blanc comme
la neige un corps de femme d'une telle beauté que
la nature n'en peut créer de semblable et il devint
amoureux de son œuvre. C'est une vierge qui a
toutes les apparences de la réalité ; on dirait qu'elle
est vivante et que, sans la pudeur qui la retient, elle
voudrait se mouvoir ; tant l'art se dissimule à force
d'art. Émerveillé, Pygmalion s'enflamme pour cette
image ; souvent il approche ses mains du chef-d'œuvre
pour s'assurer si c'est là de la chair ou de l'ivoire et
il ne peut encore convenir que ce soit de l'ivoire. Il
donne des baisers à sa statue et il s'imagine qu'elle
les rend ; il lui parle, il la serre dans ses bras ; il se
figure que la chair cède au contact de ses doigts et il
craint qu'ils ne laissent une empreinte livide sur les
membres qu'ils ont pressés ; tantôt il caresse la bien-
aimée, tantôt il lui apporte ces cadeaux qui plaisent
aux jeunes filles, des coquillages, des cailloux polis,
de petits oiseaux, des fleurs de mille couleurs, des
lis, des balles peintes, des larmes tombées de l'arbre
des Héliades[3] ; il la pare aussi de beaux vêtements ;
il met à ses doigts des pierres précieuses, à son cou
de longs colliers ; à ses oreilles pendent des perles
légères, sur sa poitrine des chaînettes. Tout lui sied et,
nue, elle ne semble pas moins belle. Il la couche sur
des tapis teints de la pourpre de Sidon ; il l'appelle
sa compagne de lit et il pose son cou incliné sur des
coussins de plumes moelleuses, comme si elle pouvait
y être sensible.

Le jour était venu où Chypre tout entière célé-
brait avec éclat la fête de Vénus : des génisses, dont
on avait revêtu d'or les cornes recourbées, étaient
tombées sous le couteau qui avait frappé leur cou de
neige ; l'encens fumait de toutes parts ; alors, après
avoir déposé son offrande, Pygmalion, debout devant

3. L'ambre.

l'autel, dit d'une voix timide : « Ô dieux, si vous pouvez tout accorder, donnez-moi pour épouse, je vous en supplie (il n'ose pas dire : la vierge d'ivoire), une femme semblable à la vierge d'ivoire. » Vénus, parée d'or, qui assistait elle-même à sa fête, comprit ce que signifiait cette prière. Présageant les dispositions favorables de la déesse, trois fois la flamme se ralluma et dressa sa crête dans les airs. De retour chez lui, l'artiste va vers la statue de la jeune fille ; penché sur le lit il lui donne un baiser ; il croit sentir que ce corps est tiède. De nouveau il en approche sa bouche, tandis que ses mains tâtent la poitrine ; à ce contact, l'ivoire s'attendrit ; il perd sa dureté, il fléchit sous les doigts ; il cède ; ainsi la cire de l'Hymette s'amollit au soleil ; ainsi, façonnée par le pouce, elle prend les formes les plus variées et se prête à de nouveaux services, à force de servir. L'amant reste saisi ; il hésite à se réjouir, il craint de se tromper ; sa main palpe et palpe encore l'objet de ses désirs ; c'était bien un corps vivant ; il sent des veines palpiter au contact de son pouce. Alors le héros de Paphos adresse à Vénus de longues actions de grâces ; sa bouche presse enfin une bouche véritable ; la jeune fille a senti les baisers qu'il lui donne et elle a rougi ; levant vers la lumière un timide regard, elle a vu en même temps le ciel et son amant. La déesse assiste à leur mariage, qui est son œuvre ; puis, quand la lune eut neuf fois rapproché ses cornes autour de son disque rempli, la jeune épouse mit au monde une fille, Paphos, dont l'île a retenu le nom.

Les Métamorphoses, X, 243-297

HOMÈRE
VIII° s. av. J.-C.

VIRGILE
I° s. av. J.-C.

CLAUDIEN
V° s. ap. J.-C.

Hésiode

Zeus veut se venger des hommes qui ont acquis le feu après son vol par Prométhée. Il ordonne à Héphaïstos de façonner, en mêlant terre et eau, une femme que tous les dieux dotent d'un don (« Pandôra ») et qu'il offre en cadeau à Épiméthée. Mais elle apporte avec elle une boîte contenant tous les fléaux de l'humanité.

UN CADEAU EMPOISONNÉ

Il (Zeus) commande à l'illustre Héphaïstos de tremper d'eau un peu de terre sans tarder, d'y mettre la voix et les forces d'un être humain et d'en former, à l'image des déesses immortelles, un beau corps aimable de vierge ; Athéné lui apprendra ses travaux, le métier qui tisse mille couleurs ; Aphrodite d'or sur son front répandra la grâce, le douloureux désir, les soucis qui brisent les membres, tandis qu'un esprit impudent, un cœur artificieux seront, sur l'ordre de Zeus, mis en elle par Hermès, le Messager, tueur d'Argos.

Il dit, et tous obéissent au seigneur Zeus, fils de Cronos. En hâte, l'illustre Boiteux modèle dans la terre la forme d'une chaste vierge, selon le vouloir du Cronide. La déesse aux yeux pers, Athéné, la pare et lui noue sa ceinture. Autour de son cou les Grâces divines, l'auguste Persuasion mettent des colliers d'or ; tout autour d'elle les heures aux beaux cheveux disposent en guirlandes des fleurs printanières. Pallas Athéné ajuste sur son corps toute sa parure. Et, dans son sein, le Messager, tueur d'Argos, crée des mensonges, mots trompeurs, cœur artificieux, ainsi que le veut Zeus aux lourds grondements. Puis, héraut des dieux, il met en elle la parole et à cette femme, il donne le nom de « Pandore », parce que ce sont tous les habitants de l'Olympe qui, avec ce présent, font présent du malheur aux hommes qui mangent le pain.

Son piège ainsi creusé, aux bords abrupts et sans issue, le Père des dieux dépêche à Épiméthée, avec le présent des dieux, l'illustre Tueur d'Argos, rapide messager. Épiméthée ne songe point à ce que lui a dit Prométhée : que jamais il n'accepte un présent de Zeus Olympien, mais le renvoie à qui l'envoie, s'il veut épargner un malheur aux mortels. Il accepte et, quand il subit son malheur, comprend.

La race humaine vivait auparavant sur la terre à l'écart et à l'abri des peines, de la dure fatigue, des maladies douloureuses, qui apportent le trépas aux hommes. Mais la femme, enlevant de ses mains le large couvercle de la jarre, les dispersa par le monde et prépara aux hommes de tristes soucis. Seul, l'Espoir restait là, à l'intérieur de son infrangible prison, sans passer les lèvres de la jarre, et ne s'envola pas au dehors, car Pandore avait déjà replacé le couvercle, par le vouloir de Zeus, assembleur de nuées, qui porte l'égide.

Les Travaux et les Jours, 60-98

IX

HISTOIRE NATURELLE

Bien des métamorphoses ont une fonction étiologique : elles expliquent l'apparition de certaines plantes et arbres (narcisse, jacinthe, anémone, cyprès, laurier, orchidée...), de certains astres (Orion, Persée, la Grande Ourse...), et tant d'autres éléments naturels. Les sœurs d'Hélios, transformées en peuplier, pleurent des larmes d'ambre, inventant ainsi cette matière précieuse. Tel est l'héritage des métamorphoses antiques : notre langue, notre quotidien, nos mythes en gardent le souvenir.

À l'inverse, certains récits montrent que l'homme doit correspondre à son nom : réaliser le destin inscrit en lui. Tels sont les hommes devenus l'animal ou le végétal dont ils portaient le nom : Cygnus transformé en cygne ; Arachné en araignée ; Myrrha en arbre à myrrhe. À propos de cette dernière, Ovide prévient : « On parlera d'elle dans la suite des âges. » Ces métamorphoses racontent une généalogie et une histoire naturelle. Elles nous disent qu'à défaut de changer le cours des choses on peut changer les êtres. Et mettre en cohérence l'homme et son histoire.

Les récits de métamorphoses figent des destins et s'ancrent durablement dans les mémoires, au point que le résultat des métamorphoses prend presque le dessus sur les mythes eux-mêmes, et que le nom des métamorphosés se perpétue dans la langue sous forme d'antonomases. Comment se construit une image ? À partir de quand devient-elle crédible, réelle, vivante pour nous ? Pour les Grecs et les Latins, les métamorphoses sont certes surnaturelles, mais pas extraordinaires. Les auteurs se donnent pour mission de les rapporter en les rendant intelligibles, par un traitement naturaliste. Elles font ainsi partie d'un quotidien poétique. Là où l'extraordinaire a sa place : tel est le monde que les Anciens nous donnent en héritage.

Ovide

*Myrrha, éprise de son père, s'unit à lui dans l'obscurité,
sans être d'abord reconnue par lui. Guidée par ses pulsions,
elle ne peut se contrôler ; sa passion est plus forte que sa
honte. Mais son désespoir finira par être entendu des dieux :
ce qui a eu lieu ne pouvant être changé, c'est elle-même qui
sera transformée. Ce célèbre récit d'inceste, qu'Ovide développe
en longueur comme une véritable tragédie, est l'un des rares
où la femme n'est pas victime mais coupable – peu avant,
Ovide a évoqué l'histoire de Byblis amoureuse de son frère
et qui, pleurant de honte, est changée en fontaine. Le poète
décrit ici la métamorphose avec la précision d'un botaniste
– dans une scène qui n'a rien à envier à un film d'horreur.*

LARMES DE SANG

Myrrha marche à son crime. La lune d'or s'enfuit,
les astres se cachent derrière de noirs nuages ; la
nuit a perdu ses flambeaux. Le premier, Icare, tu te
voiles la face, imité par Érigone, à qui sa piété filiale
a valu des honneurs célestes[1]. Trois fois Myrrha, ayant
buté du pied, est invitée par ce présage à revenir en
arrière ; trois fois le funèbre hibou a fait entendre,
pour l'avertir, son cri lugubre ; elle va toujours.

Les épaisses ténèbres de la nuit diminuent
sa honte. De la main gauche elle tient la main de sa
nourrice ; de la droite elle explore à tâtons sa route
au milieu de l'obscurité. Déjà elle touche au seuil
de la chambre, déjà elle ouvre la porte ; déjà elle
est conduite à l'intérieur ; alors ses jarrets fléchissent,
ses genoux tremblent ; ses couleurs et son sang se
retirent, son courage l'abandonne en chemin. Plus

---

1. Érigone se pendit en découvrant le cadavre de son père
assassiné. Père et fille furent alors changés en étoiles.

elle approche du crime, plus elle est saisie d'horreur ; elle se repent de son audace et voudrait pouvoir, sans être reconnue, revenir en arrière. Mais, tandis qu'elle hésite, la vieille l'entraîne par la main, l'amène près du lit élevé et, la livrant à son père : « Tiens, dit-elle, la voici ; elle est à toi, Cinyras » ; et elle unit leurs corps maudits. Le père reçoit l'enfant de ses entrailles dans sa couche impure ; il apaise les craintes de la jeune fille et s'efforce de la rassurer. Peut-être même, usant des droits de l'âge, lui dit-il : « ma fille » ; peut-être lui dit-elle « mon père » ; ainsi rien ne manque à l'inceste, pas même les noms. Myrrha sort fécondée du lit paternel ; elle a reçu dans ses flancs détestables une semence limpide ; elle porte en elle le fruit du forfait.

La nuit suivante renouvelle ses honteux plaisirs, et ce n'est pas la dernière ; à la fin Cinyras, impatient de connaître celle qui l'aime, après l'avoir tant de fois tenue dans ses bras, voit à la clarté d'un flambeau et sa fille et le crime. Muet de douleur, il tire une épée étincelante du fourreau suspendu près de lui. Myrrha prend la fuite ; grâce aux épaisses ténèbres de la nuit, elle échappe à la mort et, après avoir erré à travers les vastes campagnes, elle quitte l'Arabie fertile en palmiers et les terres de la Panchaïe. Neuf fois, pendant ses courses vagabondes, elle avait vu se renouveler le croissant de la lune, lorsque enfin, épuisée, elle s'arrêta sur la terre de Saba, incapable de porter plus longtemps le fardeau de son sein. Alors, ne sachant que souhaiter, partagée entre la crainte de la mort et le dégoût de la vie, elle fit cette prière : « Ô dieux, si vos oreilles sont ouvertes aux aveux des coupables, j'ai mérité mon sort et je ne refuse pas de subir un terrible châtiment ; mais je ne veux pas souiller les vivants en restant dans ce monde, ni, morte, ceux qui ne sont plus ; bannissez-moi de l'un et de l'autre empire ; faites de moi un autre être, à qui soient interdites et la vie et la mort. »

Il y a une divinité dont les oreilles sont ouvertes aux aveux des coupables ; les désirs de Myrrha, du moins ses désirs suprêmes, trouvèrent les dieux propices ; car, tandis qu'elle parle encore, la terre recouvre ses pieds ; leurs ongles se fendent, ; et il en sort, s'allongeant obliquement, des racines qui servent de base à un tronc élancé ; ses os se changent en un bois solide, où subsiste, au milieu, la moelle ; son sang devient de la sève ; ses bras forment de grosses branches ; ses doigts, de petites ; une dure écorce remplace sa peau. Déjà l'arbre, en croissant, avait pressé son sein et son lourd fardeau ; après avoir écrasé sa poitrine, il se préparait à recouvrir son cou ; elle ne voulut pas attendre davantage ; allant au-delà du bois qui montait, elle s'affaissa sur elle-même et plongea son visage dans l'écorce. Quoiqu'elle ait perdu avec son corps tout sentiment, elle continue à pleurer et des gouttes tièdes s'échappent de l'arbre. Ses larmes ont un grand prix ; la myrrhe, distillée par le bois, conserve le nom de celle qui la donne ; on parlera d'elle dans la suite des âges.

Les Métamorphoses, X, 448-502

Après avoir perdu Eurydice, Orphée, inconsolable, chante en s'accompagnant de sa lyre ; ses chants attirent à lui des animaux sauvages et même des arbres. Il célèbre ici les adolescents aimés d'Apollon, notamment Cyparissus, qui a par erreur tué son cerf favori.

« ARBRE AUJOURD'HUI,
JADIS ENFANT AIMÉ DU DIEU »

À cette foule [d'arbres] vint se joindre le cyprès, qui rappelle les bornes du cirque, un arbre aujourd'hui, jadis un enfant aimé du dieu à qui obéissent les cordes de la lyre aussi bien que la corde de l'arc. Il y avait dans les champs de Carthée un grand cerf, consacré aux nymphes du pays ; de hautes cornes étendaient largement leur ombre au-dessus de sa tête. Ces cornes resplendissaient d'or, et le long de ses épaules flottaient, suspendus à son cou arrondi, des colliers ornés de pierres précieuses. Sur le front s'agitait, retenue par de petites courroies, une bulle d'argent, du même âge que lui ; des perles brillaient à ses deux oreilles et autour des cavités de ses tempes ; exempt de toute crainte, affranchi de sa timidité naturelle, il fréquentait les habitations et offrait son cou aux caresses, même à celles des mains inconnues. Personne cependant ne l'aimait autant que toi, ô le plus beau des habitants de Céos, Cyparissus. C'était toi qui menais ce cerf paître l'herbe nouvelle ou boire l'eau des sources limpides ; tantôt tu nouais à ses cornes des fleurs de toutes les couleurs, tantôt, monté sur son dos, joyeux cavalier, tu allais çà et là, gouvernant avec des rênes de pourpre sa bouche docile au frein. On était en été, au milieu du jour ; la chaleur brûlait les bras recourbés du Cancer, hôte des rivages ; fatigué, le cerf avait étendu son corps sur la terre couverte de gazon et aspirait l'air frais à l'ombre des arbres. Le jeune Cyparissus, par mégarde, le transperça d'un javelot acéré ; puis, quand il le vit mourir de sa cruelle blessure, il souhaita de mourir lui-même. Que de paroles consolantes Phébus ne lui fit-il pas entendre ! que de fois il l'engagea à modérer sa douleur, à la proportionner au malheur qui en était cause. L'enfant n'en gémit pas moins et il demande aux dieux, comme une faveur suprême, de verser des larmes éternelles. Déjà tout son sang se répand sur ses membres ; ses cheveux, qui tout à l'heure retombaient sur son front de neige, se dressent, se raidissent et forment une pointe grêle qui regarde le ciel étoilé. Le dieu gémit et dit avec tristesse : « Moi, je te pleurerai toujours ; toi, tu pleureras les autres et tu t'associeras à leurs douleurs. »

Les Métamorphoses, X, 106-142

Apollon est certes le plus beau des dieux mais il est malheu-
reux en amour. Ses histoires d'amour se finissent mal : avec
Daphné (voir p. 155) comme avec le beau Hyacinthe, figure
emblématique des garçons transformés en fleurs. Sa mort est
la conséquence de la trop grande proximité d'un homme et
d'un dieu, qui n'est pas dans l'ordre des choses. Hyacinthe
meurt comme une fleur, avant de se transformer en jacinthe.
Deviens ce que tu es, semble nous dire le poète.

MOURIR D'ÊTRE AIMÉ

Toi aussi, fils d'Amyclas[2], Phébus t'aurait placé dans
les cieux si les destins contraires le lui eussent permis.
Pourtant ils t'accordent d'une autre manière l'immortalité ; autant de fois le printemps chasse l'hiver
et le Bélier succède au Poisson pluvieux, autant de
fois tu renais et tu refleuris dans le gazon verdoyant.
Mon père t'a chéri entre tous, et Delphes, centre
du monde, fut privé de son dieu tutélaire quand il
fréquentait pour toi les bords de l'Eurotas et Sparte
sans remparts ; il ne se soucie plus de sa lyre ni de
ses flèches ; oublieux de lui-même, il ne se refuse ni
à porter tes filets, ni à tenir tes chiens, ni à t'accompagner sur les sommets d'une montagne escarpée ;
une longue habitude de ta présence entretient sa
flamme. Déjà le Titan était presque au milieu de la
nuit écoulée ; ils se dépouillent de leurs vêtements ;
puis, tout brillants du suc de l'huile onctueuse, ils
s'apprêtent à se mesurer en lançant un large disque.
Le premier, Phébus, après l'avoir balancé dans sa
main, l'envoie à travers les espaces de l'air, où il
fend de tout son poids les nuées qu'il rencontre sur
son passage. Longtemps après, cette lourde masse
retombe sur la terre, prouvant à la fois la force et

2. Roi de Laconie (région également nommée Oebalie), au
sud-est du Péloponnèse.

l'adresse du dieu. Aussitôt l'imprudent enfant du Ténare, emporté par l'ardeur du jeu, accourt pour ramasser le disque ; mais la dure surface de la terre, renvoyant le coup qui l'a frappée du haut des airs, le fait rebondir, ô Hyacinthe, sur ton visage. L'enfant a pâli ; le dieu, non moins pâle que lui, reçoit son corps défaillant ; tantôt il essaie de le ranimer ; tantôt il étanche son affreuse blessure, ou bien il y applique des herbes pour retenir son âme qui s'enfuit. L'art est impuissant, la blessure inguérissable. Si dans un jardin bien arrosé on vient à briser des giroflées, des pavots, des lis dressant leurs jaunes étamines, ils se flétrissent aussitôt, penchent leurs têtes languissantes et, incapables de se soutenir, tournent leurs fronts vers la terre ; ainsi le visage d'Hyacinthe mourant s'incline ; son cou, que la force abandonne, est à lui-même un fardeau et tombe sur son épaule.

« Tu péris, enfant de l'Oebalie, enlevé à la fleur de l'âge, dit alors Phébus : je vois ta blessure qui m'accuse. Tu es ma douleur et mon forfait ; il faut inscrire sur ta tombe que ma main t'a tué ; c'est moi qui suis l'auteur de ta mort. Et pourtant quel est mon crime ? À moins qu'on ne puisse dire que c'est un crime de jouer, un autre crime d'aimer. Que ne puis-je, comme je le mérite, mourir avec toi ! Puisque la loi du destin me l'interdit, tu seras toujours présent à ma pensée et ma bouche fidèle ne cessera point de répéter ton nom. En ton honneur retentiront mes chants et ma lyre vibrant sous ma main ; fleur nouvelle, tu rappelleras mes gémissements par un mot que tu porteras écrit sur toi. Un temps viendra où un vaillant héros prendra, lui aussi, la forme de cette fleur et où son nom se lira sur les mêmes pétales. » Tandis que ces mots s'exhalent de la bouche véridique d'Apollon, voilà que le sang, qui, en se répandant sur la terre, avait coloré l'herbe, cesse d'être du sang ; plus brillante que la pourpre de Tyr, une fleur apparaît, qui ressemblerait au lis si elle n'était pas vermeille et le lis, argenté. Ce n'est point assez pour Phébus (car c'est de lui que venait cet hommage) ; il rappelle lui-même ses gémissements par un mot qui se lit sur les pétales ; la fleur porte l'inscription AI AI[3], lettres funèbres tracées par le dieu. Sparte ne rougit pas d'avoir donné le jour à Hyacinthe : maintenant encore il y est en honneur ; chaque année y reviennent les Hyacinthies, qu'on doit célébrer suivant le rite antique par des pompes solennelles.

Les Métamorphoses, X, 162-219

Ovide offre dans ce passage une véritable mise en abyme des métamorphoses. Arachné et Minerve rivalisent dans l'art du tissage. Pour prouver sa supériorité, chacune réalise un ouvrage illustrant les métamorphoses des dieux. Minerve montre, de manière très classique, les dieux punissant leurs rivaux en les métamorphosant ; Arachné, dans un style bien plus baroque (qui est celui d'Ovide), représente les dieux déguisés pour satisfaire leurs amours. Pour rendre hommage aux dieux, Minerve et Arachné représentent leurs métamorphoses : preuve que celles-ci, manifestations visibles de leurs pouvoirs, définissent les dieux. Abuser les mortels est dans leur nature, et ne choque donc pas (Ovide, annonçant la morale moderne, parle néanmoins de « fautes »). À présent, les dieux doivent trancher...

CRÉPAGE DE CHIGNON
CHEZ LES TISSEUSES

La Méonienne[4] dessine Europe abusée par l'image d'un taureau ; on croirait voir un vrai taureau, une vraie mer. Europe paraissait tourner ses regards vers

3. « Hélas ! » en grec.
4. Arachné.

la terre qu'elle avait quittée, appeler ses compagnes et, pour ne pas être touchée par les flots qui l'assaillaient, ramener en arrière ses pieds craintifs. L'ouvrière représente aussi Astérie prisonnière d'un aigle qui l'étreint ; elle représente Léda couchée sous les ailes d'un cygne ; puis encore Jupiter caché sous la forme d'un satyre et rendant mère de deux enfants la belle princesse, fille de Nyctéus ; prenant les traits d'Amphitryon pour te séduire, ô reine de Tirynthe ; se changeant en or pour tromper Danaé, en flamme pour tromper la fille d'Asopus ; berger pour Mnémosyne, serpent bigarré pour la fille de Déo. Toi aussi, Neptune, elle te montre transformé en taureau menaçant, épris de la fille d'Éole ; sous la figure d'Énipée, tu engendres les Aloïdes ; bélier, tu abuses la fille de Bisalte ; la déesse aux blonds cheveux, mère bienfaisante des moissons, a senti tes ardeurs, quand tu te fis coursier ; oiseau, tu les as fait sentir à celle que couronne une chevelure de serpents, à la mère du coursier ailé ; dauphin, à Mélantho. À tous les personnages, à tous les dieux Arachné donne l'aspect qui leur convient ; on voit Phébus sous le costume d'un paysan, puis revêtu tantôt des plumes de l'épervier, tantôt de la peau du lion et, sous les traits d'un berger, séduisant Issé, fille de Macarée ; Liber abuse Érigone sous la trompeuse apparence d'une grappe de raisin ; Saturne, devenu cheval, engendre Chiron à la double nature. Les extrémités du tissu sont remplies tout autour par une bordure légère, où des fleurs se mêlent à des rameaux de lierre entrelacés.

Ni Pallas[5] ni l'Envie ne pourraient rien trouver à reprendre dans cet ouvrage ; la vierge aux blonds cheveux, irritée d'un tel succès, déchire l'étoffe colorée qui reproduit les fautes des dieux ; elle tenait encore à la main sa navette, venue du mont Cytore ; trois ou

5. Athéna.

quatre fois elle en frappe le front d'Arachné, fille d'Idmon. L'infortunée ne peut supporter l'outrage et, dans son dépit, elle se noue un lacet autour de la gorge. Elle était pendue, quand Pallas, ayant pitié d'elle, adoucit son destin : « Vis, lui dit-elle ; mais reste suspendue, misérable ! Je veux que le même châtiment, pour que tu ne comptes pas sur un meilleur avenir, frappe toute ta race et jusqu'à tes neveux les plus reculés. » Puis, en s'éloignant, elle répand sur elle les sucs d'une herbe choisie par Hécate ; aussitôt, touchés par ce poison funeste, ses cheveux tombent, et avec eux son nez et ses oreilles ; sa tête se rapetisse ; tout son corps se réduit ; de maigres doigts, qui lui tiennent lieu de jambes, s'attachent à ses flancs ; tout le reste n'est plus qu'un ventre ; mais elle en tire encore du fil ; devenue araignée, elle s'applique, comme autrefois, à ses tissus.

Les Métamorphoses, VI, 130-145

Daphné dédaigne l'amour ; mais Apollon en tombe amoureux. Pour lui échapper, elle implore d'être métamorphosée. Mais ce changement d'état n'arrête pas l'amour : Apollon continue à aimer Daphné transformée en laurier. Ovide détaille le déroulement de la métamorphose comme un processus biologique : celui de la croissance d'une plante. Une croissance accélérée, que seul un poète peut rendre, comme plus tard un cinéaste.

UN ARBRE SENSIBLE

Beaucoup de prétendants l'ont demandée ; mais elle, dédaignant toutes les demandes, se refusant au joug d'un époux, elle parcourt les solitudes des bois. Qu'est-ce que l'hymen, l'amour, le mariage ? elle ne se soucie pas de le savoir. Souvent son père lui a dit : « Tu me dois un gendre, ma fille. » Souvent encore son père lui a dit : « Tu me dois des petits-enfants, ma fille. » Mais elle, comme s'il s'agissait d'un crime, elle a horreur des torches conjugales ; la rougeur de la honte se répand sur son beau visage et, ses bras caressants suspendus au cou de son père, elle lui répond : « Permets-moi, père bien-aimé, de jouir éternellement de ma virginité ; Diane l'a bien obtenu du sien. » Il consent ; mais tu as trop de charmes, Daphné, pour qu'il en soit comme tu le souhaites, et ta beauté fait obstacle à tes vœux. Phébus aime. Il a vu Daphné, il veut s'unir à elle ; ce qu'il désire, il l'espère et il est dupe de ses propres oracles. Comme le chaume léger s'embrase, après qu'on a moissonné les épis, comme une haie se consume au feu d'une torche qu'un voyageur, par hasard, en a trop approchée ou qu'il y a laissée, quand le jour paraissait déjà ; ainsi le dieu s'est enflammé ; ainsi il brûle jusqu'au fond de son cœur et nourrit d'espoir un amour stérile. Il contemple les cheveux de la nymphe flottant sur son cou sans ornements « Que serait-ce, dit-il, si elle prenait soin de sa coiffure ? » Il voit ses yeux brillants comme les astres ; il voit sa petite bouche, qu'il ne lui suffit pas de voir ; il admire ses doigts, ses mains, ses poignets et ses bras plus qu'à demi-nus ; ce qui lui est caché il l'imagine plus parfait encore. Elle, elle fuit, plus rapide que la brise légère ; il a beau la rappeler, il ne peut la retenir par de tels propos :

« Ô nymphe, je t'en prie, fille du Pénée, arrête ; ce n'est pas un ennemi qui te poursuit ; ô nymphe, arrête. Comme toi, l'agnelle fuit le loup ; la biche, le lion ; les colombes, d'une aile tremblante, fuient l'aigle ; chacune, leur ennemi ; moi, c'est l'amour qui me jette sur tes traces. Quel n'est pas mon malheur ! Prends garde de tomber en avant ! Que tes jambes ne subissent pas, indignement blessées, la marque des ronces et que je ne sois pas pour toi une cause de douleur ! Le terrain sur lequel tu te lances est rude ; modère ta course, je t'en supplie, ralentis ta fuite ;

moi-même je modérerai ma poursuite. Apprends cependant qui tu as charmé ; je ne suis pas un habitant de la montagne, ni un berger, un de ces hommes incultes qui surveillent les bœufs et les moutons. Tu ne sais pas, imprudente, tu ne sais pas qui tu fuis et voilà pourquoi tu le fuis. C'est à moi qu'obéissent le pays de Delphes et Claros et Ténédos et la résidence royale de Patara ; j'ai pour père Jupiter ; c'est moi qui révèle l'avenir, le passé et le présent ; moi qui marie le chant aux sons des cordes. Ma flèche frappe à coup sûr ; une autre cependant frappe plus sûrement encore, c'est celle qui a blessé mon cœur, jusqu'alors exempt de ce mal. La médecine est une de mes inventions ; dans tout l'univers on m'appelle secourable et la puissance des plantes m'est soumise. Hélas ! il n'y a point de plantes capables de guérir l'amour, et mon art, utile à tous, est inutile à son maître. »

Il allait en dire davantage, mais la fille du Pénée, continuant sa course éperdue, a fui et l'a laissé là, lui et son discours inachevé, toujours aussi belle à ses yeux ; les vents dévoilaient sa nudité, leur souffle, venant sur elle en sens contraire, agitait ses vêtements et la brise légère rejetait en arrière ses cheveux soulevés ; sa fuite rehausse encore sa beauté. Mais le jeune dieu renonce à lui adresser en vain de tendres propos et, poussé par l'Amour lui-même, il suit les pas de la nymphe en redoublant de vitesse. Quand un chien des Gaules a aperçu un lièvre dans une plaine découverte, ils s'élancent, l'un pour saisir sa proie, l'autre pour sauver sa vie ; l'un semble sur le point de happer le fuyard, il espère le tenir à l'instant et, le museau tendu, serre de près ses traces ; l'autre, incertain d'être pris, se dérobe aux morsures et esquive la gueule qui le touchait ; ainsi le dieu et la vierge sont emportés l'un par l'espoir, l'autre par la crainte. Mais le poursuivant, entraîné par les ailes de l'Amour, est plus prompt et n'a pas besoin de repos ; déjà il se penche sur les épaules de la fugitive, il effleure du souffle les cheveux épars sur son cou. Elle, à bout de forces, a blêmi ; brisée par la fatigue d'une fuite si rapide, les regards tournés vers les eaux du Pénée : « Viens, mon père, dit-elle, viens à mon secours, si les fleuves comme toi ont un pouvoir divin ; délivre-moi par une métamorphose de cette beauté trop séduisante. »

À peine a-t-elle achevé sa prière qu'une lourde torpeur s'empare de ses membres ; une mince écorce entoure son sein délicat ; ses cheveux qui s'allongent se changent en feuillage ; ses bras, en rameaux ; ses pieds, tout à l'heure si agiles, adhèrent au sol par des racines incapables de se mouvoir ; la cime d'un arbre couronne sa tête ; de ses charmes il ne reste plus que l'éclat. Phébus cependant l'aime toujours ; sa main posée sur le tronc, il sent encore le cœur palpiter sous l'écorce nouvelle ; entourant de ses bras les rameaux qui remplacent les membres de la nymphe, il couvre le bois de ses baisers ; mais le bois repousse ses baisers. Alors le dieu : « Eh bien, dit-il, puisque tu ne peux être mon épouse, du moins tu seras mon arbre ; à tout jamais tu orneras, ô laurier, ma chevelure, mes cithares, mes carquois ; tu accompagneras les capitaines du Latium, quand des voix joyeuses feront entendre des chants de triomphe et que le Capitole verra venir à lui de longs cortèges. Tu te dresseras, gardienne fidèle, devant la porte d'Auguste et tu protégeras la couronne de chêne suspendue au milieu ; de même que ma tête, dont la chevelure n'a jamais connu le ciseau, conserve sa jeunesse, de même la tienne sera toujours parée d'un feuillage inaltérable. » Péan avait parlé ; le laurier inclina ses branches neuves et le dieu le vit agiter sa cime comme une tête.

Les Métamorphoses, I, 478-567

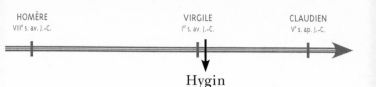

HOMÈRE
VIIIᵉ s. av. J.-C.

VIRGILE
Iᵉʳ s. av. J.-C.

CLAUDIEN
Vᵉ s. ap. J.-C.

Hygin

Hygin décrit la métamorphose de Daphné en laurier comme si elle était parfaitement naturelle : Apollon s'en accommode très bien et confère à la nouvelle forme un usage étonnamment prosaïque. La concision du style atteste que, pour les mythographes ou fabulistes tels Hygin, les métamorphoses peuvent parfaitement faire l'objet d'un traitement naturaliste. Sous leur plume, les mythes rejoignent l'ordinaire réalité.

JE M'EN COIFFE !

Alors qu'Apollon poursuivait Daphné, la fille vierge du fleuve Pénée, celle-ci implora l'aide de la Terre qui l'accueillit en elle, et la changea en un arbre, un laurier ; Apollon en brisa un rameau et la plaça sur sa tête.

Fables, CCIII, « Daphné »

X

DES MÉTAMORPHOSES
AU POSTHUMANISME

Les métamorphoses réorganisent le monde. Le changement de forme entraîne un changement d'identité et engage une autre vie. Les métamorphoses fonctionnent pour l'homme comme une seconde naissance. Elles nous apprennent ce que c'est qu'avoir un corps, éprouver des sensations. Elles rendent concrète l'association de l'âme et du corps. Comment vivre avec sa nouvelle forme ? Rares sont les métamorphoses qui font accéder l'homme à la condition divine – on retient l'apothéose d'Héraclès, et quelques transformations en astres. Pourtant, les métamorphoses qui figent l'homme en élément naturel ou inanimé (arbre, fontaine…) ne leur donnent-elles pas une forme d'immortalité ?

Bien des métamorphoses mettent en scène un véritable dédoublement de personnalité. Qu'on pense à Callisto selon Ovide : « Devenue une ourse, elle est encore animée des mêmes sentiments qu'auparavant […] ; à la vue des animaux sauvages, elle s'est cachée, oubliant ce qu'elle était devenue » ; ou à l'âne d'or d'Apulée qui, dans son corps animal, pense et raisonne comme un homme (« j'avais gardé une intelligence humaine ») ; ou encore à Actéon, enfermé dans son nouveau corps de cerf, alors qu'il a gardé son âme d'homme : « Ils cherchent Actéon des yeux ; comme s'il était absent, ils crient à l'envi : "Actéon !" (celui-ci, entendant son nom, tourne la tête), ils se plaignent de son absence et de sa lenteur à venir contempler la proie qui lui est offerte. Il voudrait bien être absent ; mais il est présent ; il voudrait bien voir, sans en être aussi victime, les sauvages exploits de ses chiens », écrit Ovide.

Si l'Antiquité parle autant de métamorphoses, c'est pour célébrer la puissance des dieux mais aussi celle des hommes, en un éloge du polymorphisme humain. La métamorphose est une transgression : passage de l'humain à l'animal, de l'animé à l'inanimé, changement de genre, mélange avec le végétal... Mais une transgression positive. Ces récits expriment la peur d'une identité figée. Les métamorphoses nous disent que l'apparence ne reproduit pas toujours l'essence. Que l'homme est capable de se transformer, et de se transcender. La nouvelle forme engendre une nouvelle vie. Bien loin d'être de simples transformations, les métamorphoses sont autant de possibles qui s'ouvrent.

Pourquoi ces métamorphoses nous parlent-elles tant ? Pourquoi ce sentiment de familiarité, d'actualité, d'intemporel ? Les métamorphoses sont des histoires qui disent l'instabilité profonde de notre être et notre permanent désir de changement. Notre envie de ne pas se contenter de l'identité donnée à la naissance, ni de la vie qu'elle engage. Ces très anciens récits auront une considérable postérité : ils se retrouvent dans notre imaginaire moderne, dans notre littérature contemporaine, et sont aussi transposés dans la Bible : la transsubstantiation (transformation du pain et du vin en corps et en sang du Christ) n'est-elle pas une métamorphose ? La conversion de l'homme au christianisme, une traduction chrétienne de la métamorphose ? Un dieu trinitaire, le symbole même de la métamorphose ? Et que dire du Christ symbolisé par un poisson, la figure même de la plasticité – souvenir du dieu marin Protée ?

Qu'en est-il aujourd'hui des métamorphoses ? Quand les hommes outrepassent l'ordre de la nature, que se produit-il ? Comment l'hybris humaine est-elle punie ? Les métamorphoses aboutissent à ce que l'on nomme posthumanisme : une forme de négation des frontières entre naturalité et artificialité, entre humanité, animalité et robotique, quand l'homme veut se faire plus qu'humain, dépasser les limites corporelles, augmenter artificiellement ses facultés naturelles. Les greffes de puces électroniques ou d'organes non humains, la manipulation génétique, le développement des technologies liées à la robotique témoignent de cette volonté de transgression. Dangereuse hybris ? Plutôt désir de se dépasser, qui traverse l'humanité, des temps anciens à aujourd'hui, et d'aujourd'hui à demain.

Les métamorphoses grecques et latines préfigurent le XXIe siècle du posthumanisme. Et nous rappellent que les robots et cyborgs de demain sont les Actéon et Thétis d'hier.

HOMÈRE
VIIIᵉ s. av. J.-C.

VIRGILE
Iᵉʳ s. av. J.-C.

CLAUDIEN
Vᵉ s. ap. J.-C.

Platon

Grâce à une bague aux pouvoirs magiques, le berger Gygès peut, quand il le souhaite, se rendre invisible. Platon utilise cette célèbre histoire pour montrer qu'un tel pouvoir rendrait quiconque, même une personne juste, injuste.

L'HOMME INVISIBLE

Pour prouver que l'on ne pratique la justice que malgré soi et par impuissance de commettre l'injustice, nous ne saurions mieux faire qu'en imaginant le cas que voici. Donnons à l'homme de bien et au méchant un égal pouvoir de faire ce qui leur plaira ; suivons-les ensuite et regardons où la passion va les conduire : nous surprendrons l'homme de bien s'engageant dans la même route que le méchant, entraîné par le désir d'avoir sans cesse davantage, désir que toute nature poursuit comme un bien, mais que la loi ramène de force au respect de l'égalité. Le meilleur moyen de leur donner le pouvoir dont je parle, c'est de leur prêter le privilège qu'eut autrefois, dit-on, Gygès, l'aïeul du Lydien. Gygès était un berger au service du roi qui régnait alors en Lydie. À la suite d'un grand orage et d'un tremblement de terre, le sol s'était fendu, et une ouverture béante s'était formée à l'endroit où il faisait paître son troupeau. Étonné à cette vue, il descendit dans ce trou, et l'on raconte qu'entre autres merveilles il aperçut un cheval d'airain, creux, percé de petites portes, à travers lesquelles ayant passé la tête il vit dans l'intérieur un homme qui était mort, selon toute apparence, et dont la taille dépassait la taille humaine. Ce mort était nu ; il avait seulement un anneau d'or à la main. Gygès le prit et sortit. Or, les bergers s'étant réunis à leur ordinaire pour faire au roi leur rapport mensuel sur l'état des troupeaux, Gygès vint à l'assemblée, portant au doigt son anneau. Ayant pris place parmi les bergers, il tourna par hasard le chaton de sa bague par devers lui en dedans de sa main, et aussitôt il devint invisible à ses voisins, et l'on parla de lui comme s'il était parti, ce qui le remplit d'étonnement. En maniant de nouveau sa bague, il tourna le chaton en dehors et aussitôt il redevint visible. Frappé de ces effets, il refit l'expérience pour voir si l'anneau avait bien ce pouvoir, et il constata qu'en tournant le chaton à l'intérieur il devenait invisible ; à l'extérieur, visible. Sûr de son fait, il se fit mettre au nombre des bergers qu'on députait au roi. Il se rendit au palais, séduisit la reine et avec son aide attaqua et tua le roi, puis s'empara du trône. Supposons maintenant deux anneaux comme celui-ci, mettons l'un au doigt du juste, l'autre au doigt de l'injuste ; selon toute apparence, nous ne trouverons aucun homme d'une trempe assez forte pour rester fidèle à la justice et résister à la tentation de s'emparer du bien d'autrui, alors qu'il pourrait impunément prendre au marché ce qu'il voudrait, entrer dans les maisons pour s'accoupler à qui lui plairait, tuer les uns, briser les fers des autres, en un mot être maître de tout faire comme un dieu parmi les hommes. En cela, rien ne le distinguerait du méchant, et ils tendraient tous deux au même but, et l'on pourrait voir là une grande preuve qu'on n'est pas juste par choix, mais par contrainte, vu qu'on ne regarde pas la justice comme un bien individuel, puisque, partout où l'on croit pouvoir être injuste, on ne s'en fait pas faute.

La République, II, 359-360

HOMÈRE
VIIIᵉ s. av. J.-C.

VIRGILE
Iᵉʳ s. av. J.-C.

CLAUDIEN
Vᵉ s. ap. J.-C.

Ovide

La nymphe Écho s'éprend du beau Narcisse ; mais celui-ci la repousse. Pour le punir, elle le condamne à aimer sans être jamais aimé en retour. Narcisse se tourne alors vers une forme d'auto-érotisme – que Freud nommera narcissisme. Coupé des autres, il reste enfermé dans son image, spectateur de lui-même dans une éternelle auto-contemplation, qui le prive de toute action. Superbe exemple de l'impossibilité de la métamorphose : impossibilité de sortir de soi. Narcisse finit par reconnaître son erreur – s'être refusé à Éros, le plus puissant des dieux – et par se reconnaître lui-même enfermé dans son reflet : « Iste ego sum », « Cet enfant, c'est moi », « Je suis ce toi ». *Et par désirer la séparation d'avec lui-même, désirer une métamorphose :* « Oh ! que ne puis-je me séparer de mon corps ! » *Il sera exaucé d'une autre manière.*

AUTO-ÉROTISME

Un jour qu'il [Narcisse] chassait vers ses filets des cerfs tremblants, il frappa les regards de la nymphe à la voix sonore qui ne sait ni se taire quand on lui parle, ni parler la première, de la nymphe qui répète les sons, Écho. En ce temps-là, Écho avait un corps ; ce n'était pas simplement une voix et pourtant sa bouche bavarde ne lui servait qu'à renvoyer, comme aujourd'hui, les derniers mots de tout ce qu'on lui disait. Ainsi l'avait voulu Junon ; quand la déesse pouvait surprendre les nymphes qui souvent, dans les montagnes, s'abandonnaient aux caresses de son Jupiter, Écho s'appliquait à la retenir par de longs entretiens, pour donner aux nymphes le temps de fuir. La fille de Saturne s'en aperçut : « Cette langue qui m'a trompée, dit-elle, ne te servira plus guère et tu ne feras plus de ta voix qu'un très bref usage. » L'effet confirme la menace ; Écho cependant peut encore répéter les derniers sons émis par la voix et rapporter les mots qu'elle a entendus.

Donc à peine a-t-elle vu Narcisse errant à travers les campagnes solitaires que, brûlée de désir, elle suit furtivement ses traces ; plus elle le suit, plus elle se rapproche du feu qui l'embrase ; le soufre vivace dont on enduit l'extrémité des torches ne s'allume pas plus rapidement au contact de la flamme. Oh ! que de fois elle voulut l'aborder avec des paroles caressantes et lui adresser de douces prières ! Sa nature s'y oppose et ne lui permet pas de commencer ; mais du moins, puisqu'elle en a la permission, elle est prête à guetter des sons auxquels elle pourra répondre par des paroles.

Il advint que le jeune homme, séparé de la troupe de ses fidèles compagnons, cria : « Y a-t-il quelqu'un près de moi ? » « Moi », répondit Écho. Plein de stupeur, il promène de tous côtés ses regards. « Viens ! » crie-t-il à pleine voix ; à son appel elle répond par un appel. Il se retourne et, ne voyant venir personne : « Pourquoi, dit-il, me fuis-tu ? » Il recueille autant de paroles qu'il en a prononcées. Il insiste et, abusé par la voix qui semble alterner avec la sienne : « Ici ! reprend-il, réunissons-nous ! » Il n'y avait pas de mot auquel Écho pût répondre avec plus de plaisir : « Unissons-nous ! » répète-t-elle et, charmée elle-même de ce qu'elle a dit, elle sort de la forêt et veut jeter ses bras autour du cou tant espéré. Narcisse fuit et, tout en fuyant : « Retire ces mains qui m'enlacent, dit-il ; plutôt mourir que de m'abandonner à toi ! » Elle ne répéta que ces paroles : « M'abandonner à toi ! » Méprisée, elle se cache dans les forêts ; elle abrite sous la feuillée son visage accablé de honte et depuis lors elle vit dans des antres solitaires ; mais son amour est resté gravé dans son cœur et le chagrin d'avoir été repoussée ne fait que l'accroître. Les soucis qui la tiennent éveillée épuisent son corps misérable, la maigreur dessèche sa peau, toute la sève de ses membres s'évapore. Il ne lui reste que la voix et les os ; sa voix est intacte, ses os ont pris, dit-on, la forme d'un rocher. Depuis, cachée dans les forêts, elle ne se montre plus sur les montagnes ; mais tout le monde l'entend ; un son, voilà tout ce qui survit en elle.

Comme cette nymphe, d'autres, nées dans les eaux ou sur les montagnes, et auparavant une foule de jeunes hommes, s'étaient vus dédaignés par Narcisse. Aussi, quelqu'un qu'il avait méprisé, levant les mains vers le ciel, s'écria : « Puisse-t-il aimer, lui aussi, et ne jamais posséder l'objet de son amour ! » La déesse de Rhamnonte[1] exauça cette juste prière. Il y avait une source limpide dont les eaux brillaient comme de l'argent ; jamais les pâtres ni les chèvres qu'ils faisaient paître sur la montagne, ni aucun autre bétail ne l'avaient effleurée, jamais un oiseau, une bête sauvage ou un rameau tombé d'un arbre n'en avait troublé la pureté. Tout alentour s'étendait un gazon dont ses eaux entretenaient la vie par leur voisinage, et une forêt qui empêchait le soleil d'attiédir l'atmosphère du lieu. Là le jeune homme, qu'une chasse ardente et la chaleur du jour avaient fatigué, vint se coucher sur la terre, séduit par la beauté du site et par la fraîcheur de la source. Il veut apaiser sa soif ; mais il sent naître en lui une soif nouvelle ; tandis qu'il boit, épris de son image, qu'il aperçoit dans l'onde, il se passionne pour une illusion sans corps ; il prend pour un corps ce qui n'est que de l'eau ; il s'extasie devant lui-même ; il demeure immobile, le visage impassible, semblable à une statue taillée dans le marbre de Paros. Étendu sur le sol, il contemple ses yeux, deux astres, sa chevelure digne de Bacchus et non moins digne d'Apollon, ses joues lisses, son cou d'ivoire, sa bouche gracieuse, son teint qui à un éclat vermeil unit une blancheur de neige ; enfin il admire tout ce qui le rend admirable.

---

1. Némésis, déesse de la vengeance et de la réparation.

Sans s'en douter, il se désire lui-même ; il est l'amant et l'objet aimé, le but auquel s'adressent ses vœux ; les feux qu'il cherche à allumer sont en même temps ceux qui le brûlent. Que de fois il donne de vains baisers à cette source fallacieuse ! Que de fois, pour saisir son cou, qu'il voyait au milieu des eaux, il y plongea ses bras, sans pouvoir s'atteindre ! Que voit-il ? Il l'ignore ; mais ce qu'il voit le consume ; la même erreur qui trompe ses yeux les excite. Crédule enfant, pourquoi t'obstines-tu vainement à saisir une image fugitive ? Ce que tu recherches n'existe pas ; l'objet que tu aimes, tourne-toi et il s'évanouira. Le fantôme que tu aperçois n'est que le reflet de ton image ; sans consistance par soi-même, il est venu et demeure avec toi ; avec toi il va s'éloigner, si tu peux t'éloigner.

Ni le souci de Cérès, ni le besoin de sommeil ne peuvent l'arracher de ce lieu. Épandu dans l'herbe du soir, il contemple d'un regard insatiable l'image mensongère. Il meurt, victime de ses propres yeux. Légèrement soulevé et tendant ses bras vers les arbres qui l'entourent : « Jamais amant, dit-il, ô forêts, a-t-il subi un sort plus cruel ? Vous le savez ; car vous avez souvent offert à l'amour un refuge opportun. Vous, dont la vie compte tant de siècles, vous souvient-il d'avoir jamais vu dans cette longue suite de temps un amant dépérir comme moi ? Un être me charme et je le vois ; mais cet être que je vois et qui me charme, je ne puis l'atteindre ; si grande est l'erreur qui contrarie mon amour. Pour comble de douleur, il n'y a entre nous ni vaste mer, ni longues routes, ni montagnes, ni remparts aux portes closes ; c'est un peu d'eau qui nous sépare. Lui aussi, il désire mon étreinte, car chaque fois que je tends mes lèvres vers ces eaux limpides pour un baiser, chaque fois il s'efforce de lever vers moi sa bouche. Il semble que je puis le toucher ; un très faible obstacle s'oppose seul à notre amour. Qui que tu sois, viens ici ; pourquoi, enfant sans égal, te jouer ainsi de moi ? Où fuis-tu, quand je te cherche ? Ce ne sont du moins ni ma figure ni mon âge qui peuvent te faire fuir ; des nymphes même m'ont aimé. Ton visage amical me promet je ne sais quel espoir ; quand je te tends les bras, tu me tends les tiens de toi-même ; quand je te souris, tu me souris. Souvent même j'ai vu couler tes pleurs quand je pleurais ; tu réponds à mes signes en inclinant la tête et, autant que j'en puis juger par le mouvement de ta jolie bouche, tu me renvoies des paroles qui n'arrivent pas jusqu'à mes oreilles. Mais cet enfant, c'est moi ; je l'ai compris et mon image ne me trompe plus ; je brûle d'amour pour moi-même, j'allume la flamme que je porte dans mon sein. Que faire ? Attendre d'être imploré ou implorer moi-même ? Et puis, quelle faveur implorer maintenant ? Ce que je désire est en moi ; ma richesse a causé mes privations. Oh ! que ne puis-je me séparer de mon corps ! Vœu singulier chez un amant, je voudrais que ce que j'aime fût loin de moi. Déjà la douleur épuise mes forces ; il ne me reste plus longtemps à vivre, je m'éteins à la fleur de mon âge. La mort ne m'est point cruelle, car elle me délivrera de mes douleurs ; je voudrais que cet objet de ma tendresse eût une plus longue existence ; mais, unis par le cœur, nous mourrons en exhalant le même soupir. »

À ces mots, il revint, dans son délire, contempler son image ; ses larmes troublèrent les eaux et l'agitation du bassin obscurcit l'apparition. Quand il la vit s'effacer : « Où fuis-tu ? cria-t-il. Demeure ; n'abandonne pas, cruel, celui qui t'adore. Ce que je ne puis toucher, laisse-moi au moins le contempler ! Laisse-moi fournir un aliment à ma triste folie ! » Au milieu de ces plaintes, il arracha son vêtement depuis le haut et, de ses mains blanches comme le marbre, il frappa sa poitrine nue, qui, sous les coups, se colora d'une teinte de rose ; ainsi des fruits, blancs d'un côté, sont, de l'autre, nuancés de rouge ; ainsi la grappe de raisin aux tons changeants se tache de pourpre quand elle n'est pas encore mûre. À peine eut-il vu ces meurtrissures dans l'onde redevenue limpide qu'il n'en put supporter davantage ; comme la cire dorée fond devant une flamme légère ou le givre du matin sous un tiède rayon de soleil, ainsi il dépérit, consumé par l'amour ; et il succombe au feu secret qui le dévore lentement. Il a perdu ce teint dont la blancheur se colorait d'un éclat vermeil ; il a perdu son air de santé, ses forces et tous les charmes qu'il admirait naguère ; dans son corps il ne reste plus rien de la beauté que jadis Écho avait aimée. Quand elle le revit, bien qu'animée contre lui de colère et de ressentiment, elle le prit en pitié ; chaque fois que le malheureux jeune homme s'était écrié : « Hélas ! » la voix de la nymphe lui répondait en répétant : « Hélas ! » Quand de ses mains il s'était frappé les bras, elle lui renvoyait le son de ses coups. Les dernières paroles qu'il prononça, en jetant, selon sa coutume, un regard dans l'onde, furent : « Hélas ! enfant que j'ai vainement chéri ! » Les lieux d'alentour retentirent des mêmes mots en nombre égal ; il avait dit : « Adieu ! » « Adieu ! » répliqua Écho. Il laissa tomber sa tête lasse sur le vert gazon ; la mort ferma ses yeux, qui admiraient toujours la beauté de leur maître. Même après qu'il fut entré au séjour infernal, il se regardait encore dans l'eau du Styx. Ses sœurs, les naïades, le pleurèrent et, ayant coupé leurs cheveux, les consacrèrent à leur frère ; les dryades le pleurèrent aussi ; Écho répéta leurs gémissements. Déjà on préparait le bûcher, les torches qu'on secoue dans les airs et la civière funèbre ; le corps avait disparu ; à la place du corps, on trouve une fleur couleur de safran, dont le centre est entouré de blancs pétales.

Les Métamorphoses, III, 356-510

HOMÈRE
VIIIe s. av. J.-C.

VIRGILE
Ier s. av. J.-C.

CLAUDIEN
Ve s. ap. J.-C.

Horace

Le poète s'imagine gagnant l'immortalité et, transformé en cygne, oublier les pesanteurs du monde terrestre en s'élevant dans les airs. Il exprime ici sa confiance en son art, cet art poétique qui transcende l'individu et lui confère un statut surhumain. La métamorphose peut être pensée comme une libération. Elle procure une identité « augmentée », qui permet de se rêver autre qu'on est, et de vivre, l'espace du rêve, cette autre vie.

LE CHANT DU CYGNE

Elle n'est point ordinaire ni sans force, l'aile qui va m'emporter, poète métamorphosé, à travers le liquide éther. Je ne demeurerai pas plus longtemps sur la terre et, plus grand que l'envie,

je laisserai les villes. Non, moi, descendance de pauvres parents, moi que tu convies, Mécène chéri, je ne périrai pas et l'onde du Styx ne me tiendra point prisonnier.

Voici déjà que, sur mes jambes, s'affaissent les plis d'une peau rugueuse, que je me change, par-dessus, en un oiseau blanc, que poussent, sur mes doigts et mes épaules, des plumes lisses ;

voici que je vais, plus rapide qu'Icare, le fils de Dédale, visiter, oiseau harmonieux, les rivages du Bosphore grondant et les Syrtes gétules [1] et les plaines hyperboréennes.

Ils sauront qui je suis, le Colchidien et le Dace, qui dissimule sa peur devant les cohortes marses [2], et, au bout du monde, les Gélons ; ils apprendront en connaisseurs mes chants, l'Hibère et l'homme que le Rhône abreuve.

---

1. Peuple berbère d'Afrique du Nord.
2. Peuple montagnard des Apennins italiennes.

Que, de mon vain convoi funèbre, on écarte les nénies[3], la laideur des gémissements et des lamentations ; fais taire les cris et laisse là les honneurs superflus du sépulcre.

Odes, II, 20

3. Chants funèbres.

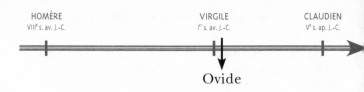

HOMÈRE
VIII° s. av. J.-C.

VIRGILE
I°° s. av. J.-C.

CLAUDIEN
V° s. ap. J.-C.

Ovide

Jupiter, qui a pris l'apparence de Diane, séduit Callisto, la fille de Lycaon. Métamorphosée en ourse par Junon, qui se venge ainsi de l'infidélité de son époux, Callisto garde néanmoins ses sentiments de douce jeune fille. Sa nouvelle forme ne change en rien son caractère : si l'apparence est transformée, l'âme demeure la même. La métamorphose crée souvent, comme ici, une terrible dissociation de soi à soi – qui peut conduire à ce qu'on nomme aujourd'hui bipolarité.

« OURSE, ELLE A TREMBLÉ
DEVANT LES OURS »

Tandis qu'il allait et venait, multipliant ses visites, une vierge de Nonacris arrêta ses regards et il conçut une passion brûlante, qui l'enflamma jusqu'aux os. Cette jeune fille ne s'appliquait pas à assouplir la laine en la cardant, ni à varier la disposition de sa coiffure ; quand une agrafe avait fixé sa tunique et une bandelette blanche ses cheveux négligemment noués, quand elle avait pris dans sa main tantôt un javelot léger, tantôt un arc, elle suivait la milice de Phébé ; entre toutes les nymphes dont les pas effleuraient le Ménale, aucune n'était plus chère à la Déesse des carrefours[1] ; mais il n'y a point de faveur de longue durée.

Le soleil, au plus haut du ciel, venait de dépasser le milieu de sa course lorsqu'elle pénétra dans une forêt que les siècles n'avaient pas entamée. Elle détacha le carquois de son épaule, détendit son arc flexible et se coucha sur le sol couvert de gazon ; elle appuya sa tête inclinée sur son carquois aux vives couleurs. Dès que Jupiter l'eut aperçue, lasse et sans garde : « Voilà du moins une infidélité, dit-il, dont mon épouse ne

---

1. Trivia, ou Hécate, divinité lunaire assimilée à Diane.

saura rien ; ou, si elle l'apprend, un tel prix me paie, oh ! oui, me paie bien de ses querelles. » Aussitôt il prend la figure et le costume de Diane et demande : « Jeune fille, toi que je compte parmi mes compagnes, sur quels sommets as-tu chassé ? » La jeune fille se soulève sur le gazon : « Salut, dit-elle, déesse que je mets (dût-il m'entendre en personne) au-dessus de Jupiter. » Il rit, il entend, joyeux de se voir préférer à lui-même ; il donne des baisers trop peu modestes, comme une vierge n'en doit point donner. La nymphe se préparait à raconter dans quelle forêt elle avait chassé ; il l'arrête, en la serrant entre ses bras, et il se révèle par un crime. Elle, elle résiste, autant du moins que le peut une femme (plût au ciel que ce fût sous tes yeux, ô fille de Saturne[2] ! tu serais plus traitable). Elle se débat ; mais sur quel homme une jeune fille pouvait-elle avoir l'avantage ? Quel dieu sur Jupiter ? Jupiter remonte vainqueur vers l'éther, la nymphe maudit ces ombrages, cette forêt complice de l'attentat ; quand elle la quitte, peu s'en faut qu'elle n'oublie d'emporter son carquois plein de flèches et son arc, qu'elle y avait suspendu.

Voici qu'accompagnée du chœur de ses nymphes, Dictynna[3] arrivait sur les hauteurs du Ménale, fière du gibier abattu. Elle aperçoit la jeune fille et aussitôt l'appelle ; celle-ci, en entendant retentir son nom, a pris la fuite ; elle a craint d'abord que Jupiter ne fût caché sous la figure de la déesse. Mais quand elle a vu les nymphes s'avancer en même temps, elle comprend qu'elle n'a plus de piège à redouter et s'approche de leurs rangs. Hélas ! qu'il est difficile de ne pas trahir une faute par son visage ! À peine détache-t-elle ses yeux de la terre ; elle n'ose plus, comme auparavant, se presser aux côtés de la déesse, en tête de la troupe ; elle garde le silence et par sa rougeur révèle

2. Junon.
3. « La fille au filet », surnom crétois de Diane.

l'outrage que sa pudeur a subi. Si Diane n'était point vierge, elle pourrait à mille indices s'apercevoir de la faute ; les nymphes s'en aperçurent, dit-on. Pour la neuvième fois les cornes de la lune reparaissaient, annonçant son disque quand la déesse en chasse, fatiguée par les feux que lance son frère, rencontra un frais bocage, d'où un ruisseau s'échappait en gazouillant sur les graviers polis que son cours agitait. Elle admire le site ; puis elle effleure du pied la surface des eaux et les admire à leur tour. « Nous sommes, dit-elle, loin de tout témoin ; quittons nos vêtements et plongeons-nous dans le courant de ce ruisseau. » La Parrhasienne[4] a rougi ; toutes se dépouillent de leurs voiles ; une seule se fait attendre ; tandis qu'elle hésite, on détache sa robe ; la robe rejetée, son corps à nu étale sa faute au grand jour. Interdite, elle veut de ses mains cacher son ventre : « Loin d'ici, lui dit la déesse du Cynthe ; ne souille pas cette source sacrée » ; et elle la chasse de la troupe qui lui est chère.

Depuis longtemps l'épouse du dieu Tonnant avait appris cette aventure et elle avait ajourné jusqu'au moment propice sa terrible vengeance. Maintenant elle n'a plus de raison de tarder avantage ; déjà le petit Arcas (car c'est là ce qui indigne Junon) a reçu le jour de sa rivale. À peine a-t-elle tourné vers cet enfant ses regards et son âme en fureur : « Ainsi il ne te manquait plus, dit-elle, femme adultère, que d'être féconde pour divulguer mon humiliation par ta maternité et pour attester la faute honteuse de mon Jupiter. Ce ne sera pas impunément ; je te ravirai cette beauté dont tu es charmée et par où, odieuse fille, tu charmes mon époux. » Elle dit et, debout devant elle, saisissant ses cheveux sur son front, elle la jeta à terre, la tête la première. La nymphe lui tendait ses bras suppliants ; ses bras commencent à se hérisser de poils noirs ; ses mains se courbent et,

4. Callisto est née en Parrhasie.

prolongées par des griffes crochues, lui font office de pieds ; sa bouche, naguère admirée de Jupiter, s'élargit sous la forme d'une gueule hideuse. Pour qu'elle ne puisse exciter la pitié par des prières et par des discours suppliants, le don de la parole lui est ravi ; de sa gorge rauque il ne sort plus qu'une voix irritée, menaçante, qui répand la terreur. Cependant, devenue une ourse, elle est encore animée des mêmes sentiments qu'auparavant ; un gémissement continuel atteste sa douleur, elle lève vers le ciel et vers les astres ses mains telles quelles ; sans pouvoir parler, elle sent toute l'ingratitude de Jupiter. Ah ! que de fois, n'osant pas se reposer dans la solitude d'une forêt, elle a erré devant sa demeure et dans ses anciens domaines ! Ah ! que de fois, poursuivie à travers les rochers par les aboiements des chiens, cette chasseresse a fui épouvantée devant les chasseurs ! Souvent, à la vue des animaux sauvages, elle s'est cachée, oubliant ce qu'elle était devenue ; ourse, elle a tremblé devant les ours qu'elle apercevait sur les montagnes et redouté les loups, quoique son père fût du nombre.

Les Métamorphoses, II, 409-495

Actéon s'égare dans la forêt et se retrouve près de la source sacrée où la déesse Diane, quittant ses armes, aime à se baigner. Dans la peinture classique, cette scène sera souvent représentée sous le titre La Surprise. *Diane est surprise au bain, découverte dans sa nudité, dépouillée de ses armes, ses attributs de déesse de la chasse. Voyeurisme ? De quoi Actéon est-il coupable ? D'avoir erré, de s'être égaré, c'est-à-dire de ne pas avoir traversé la forêt d'un pas sûr. D'être resté dans l'ignorance, dans l'incertitude. L'infraction est donc bien plus que visuelle : elle est morale. Et elle se traduit en termes géographiques : Actéon a pénétré dans un lieu divin, le sanctuaire de la déesse. Cette transgression doit être punie : il sera exclu du règne humain et condamné à* *l'animalité. Mais Ovide met aussi en scène, de manière très expressive et dramatique, un véritable dédoublement de personnalité (rappelant l'histoire de Callisto, « chasseresse épouvantée devant les chasseurs ») : l'homme transformé se reconnaît-il lui-même et est-il reconnu par les autres sous sa nouvelle forme et dans sa nouvelle identité ? Les acteurs de la tragédie d'Actéon s'en tiennent tous à l'apparence, sans voir que son essence est intacte, et que son ancienne identité – son ancienne forme – perce sous la nouvelle. Pierre Klossowski (dans* Le Bain de Diane, *1956) propose une interprétation originale ; il voit dans le comportement d'Actéon une métamorphose volontaire, sous l'influence de Dionysos (dont il partage la filiation) : «* Dionysos seul pouvait le conduire, le soutenir et l'absoudre. Il prépare son crime [le viol de Diane/Artémis] comme son propre sacrifice à Artémis ; il reçoit le châtiment de la déesse comme une révélation : devenu cerf, il pénètre dans le secret de la divinité ; déchiqueté par ses chiens, il prélude au message d'Orphée. […] Actéon délirait parce qu'il se savait délirant. Et parce qu'il doutait de la chasteté d'Artémis, il doutait aussi de sa propre métamorphose. Alors Actéon, craignant qu'il ne fût point Actéon, tua le cerf, lui trancha la tête, s'en affubla. Et ses propres chiens, l'ayant reconnu, se détournèrent de lui et le quittèrent.* »

« LES MOTS N'OBÉISSENT PLUS À SA VOLONTÉ »

Ta première douleur, Cadmus, au milieu de tant de prospérités, eut pour causes ton petit-fils[5], les cornes contre nature qui vinrent charger son front et vous, ses chiens, qu'assouvit le sang de votre maître. Cependant, à y regarder de près, il fut perdu par une faute de la Fortune, non pour avoir commis un

---

5. Cadmus, prince phénicien, frère d'Europe, fut le fondateur de Thèbes. Son petit-fils Actéon fut élevé par le centaure Chiron (tout comme Pélée).

crime ; quel crime en effet pouvait-on imputer à une erreur ?

Il y avait une montagne que des bêtes sauvages de toute espèce avaient baignée de leur sang ; déjà le jour au milieu de sa course y avait rétréci les ombres et le soleil se trouvait à égale distance de ses deux bornes, lorsque, d'une voix calme, le jeune héros des Hyantes appelle en ces termes ceux qu'il associait à ses travaux, errant dans des retraites solitaires : « Nos filets et nos armes, compagnons, sont trempés du sang des bêtes fauves et cette journée nous a valu assez de succès ; demain, quand l'Aurore, montée sur son char couleur de safran, ramènera la lumière, nous reprendrons la tâche que nous nous sommes fixée ; en ce moment, Phébus est à égale distance des deux extrémités de la terre et ses rayons brûlants fendent le sol des campagnes. Arrêtez là votre ouvrage pour aujourd'hui et enlevez vos filets noueux. » Dociles à ses ordres, les chasseurs interrompent leurs travaux.

Là s'étendait une vallée qu'ombrageaient des épicéas et des cyprès à la cime pointue ; on nomme Gargaphie cet asile consacré à Diane, la déesse court vêtue ; dans la partie la plus retirée du bois s'ouvre un antre où rien n'est une création de l'art ; mais le génie de la nature a imité l'art ; elle seule avec la pierre ponce toute vive et avec le tuf léger y a formé une voûte sans apprêt. Sur la droite murmure une petite source, dont l'eau transparente remplit un large bassin entouré d'une bordure de gazon. C'est là que la déesse des forêts, quand elle était fatiguée de la chasse, avait coutume de répandre une rosée limpide sur son corps virginal. Aussitôt entrée dans cette grotte, elle remet à la nymphe qui a soin de ses armes son javelot, son carquois et son arc détendu ; une autre reçoit sur ses bras la robe dont la déesse s'est dépouillée ; deux autres détachent les chaussures de ses pieds ; plus adroite qu'elles, Crocalé, fille de l'Isménus, rassemble en forme de nœud les cheveux épars sur le cou divin, tandis que les siens flottent en désordre. Néphélé, Hyalé, Rhanis, Psécas et Phialé prennent de l'eau à la source et la versent de leurs urnes largement remplies. Pendant qu'elles la répandent, suivant leur coutume, sur la fille du Titan, voici que le petit-fils de Cadmus, ayant interrompu ses travaux et promenant ses pas incertains à travers des taillis qui lui étaient inconnus, parvient au bois sacré ; car c'était là que le poussait sa destinée.

À peine eut-il pénétré dans l'antre où la source épanchait sa rosée que les nymphes, dans l'état de nudité où elles se trouvaient, se mirent soudain, en apercevant un homme, à se frapper la poitrine et à remplir toute la forêt de leurs cris perçants ; pressées autour de Diane, elles lui firent un abri de leurs corps ; mais la déesse est plus grande qu'elles, elle les dépasse toutes de la tête. Comme des nuages reflètent les rayons du soleil qui les frappent en face, ou comme l'aurore se colore de pourpre, ainsi Diane rougit d'avoir été vue sans vêtement. Quoique environnée par la folie de ses compagnes, elle se tint de côté et détourna son visage ; elle aurait bien voulu avoir des flèches sous la main ; elle prit ce qu'elle avait, de l'eau, la jeta à la figure du jeune homme et, répandant sur ses cheveux cette onde vengeresse, elle ajouta ces paroles, qui lui annonçaient sa perte prochaine : « Maintenant va raconter que tu m'as vue sans voile ; si tu le peux, j'y consens. » Bornant là ses menaces, elle fait naître sur la tête ruisselante du malheureux les cornes du cerf vivace, elle allonge son cou, termine en pointe le bout de ses oreilles, change ses mains en pieds, ses bras en longues jambes et couvre son corps d'une peau tachetée. Elle y ajoute une âme craintive ; le héros, fils d'Autonoé, prend la fuite et, tout en courant, s'étonne de sa rapidité. Lorsqu'il aperçut dans l'eau sa figure et ses cornes : « Suis-je assez malheureux ! » allait-il s'écrier ; mais aucune parole ne sortit de sa bouche. Il gémit ; ce fut tout son langage ; ses larmes coulèrent sur une face qui n'était plus la sienne ; seule sa raison lui restait encore. Que devait-il faire ? Rentrer chez lui, dans la demeure royale, ou bien se cacher dans les forêts ? La honte lui interdit le premier parti ; la crainte, le second. Tandis qu'il hésite, ses chiens l'ont aperçu ; les premiers, Mélampus et Ichnobates à l'odorat subtil, l'ont signalé par leurs aboiements, Ichnobates, né à Gnose, Mélampus de la race de Sparte. Après eux en accourent d'autres, plus prompts qu'un vent impétueux, Pamphagos, Dorcée et Oribasos, tous arcadiens, le vigoureux Nébrophonos, le farouche Théron avec Lélaps, Ptérélas, précieux pour sa vitesse et Agré pour son flair, le fougueux Hylée, blessé naguère par un sanglier, Napé issue d'un loup, Péménis, qui suivait auparavant des troupeaux, Harpyia, qu'accompagnent ses deux petits, Ladon de Sicyone aux flancs maigres, Dromas, Canaché, Sticté, Tigris, Alcé, Leucon au poil de neige, Asbolos au poil noir, le robuste Laconien, Aello infatigable à la course, Thoüs, la rapide Lyciscé avec son frère le Chypriote, puis, marqué d'une tache blanche au milieu de son front noir, Harpalos, Mélanée, Lachné au corps hirsute, puis deux autres, nés d'un père du mont Dicté, mais d'une mère laconienne, Labros et Agriodos, Hylactor à la voix perçante, et d'autres encore qu'il serait trop long de nommer. Cette meute, avide de la curée, à travers les rochers, les escarpements, les blocs inaccessibles, sur des terrains difficiles ou sans routes, poursuit le jeune homme. Il fuit dans ces mêmes lieux où il a si souvent poursuivi le gibier ; hélas ! oui, il fuit ceux qui étaient à son service. Il aurait voulu leur crier : « Je suis Actéon, reconnaissez votre maître. » Les mots n'obéissent plus à sa volonté ; seuls des aboiements font retentir les airs. Mélanchétès lui donne dans le dos le premier coup de dent ; Thérodamas, le second ; Orésitrophos s'accroche à son épaule ; ils étaient partis plus tard que les autres, mais par

les raccourcis de la montagne ils les ont devancés.
Tandis qu'ils retiennent leur maître, le reste de la
meute se rassemble ; tous les crocs s'abattent à la fois
sur son corps. Bientôt la place y manque pour de
nouvelles blessures ; il gémit et, si sa voix n'est plus
celle d'un homme, elle n'est pourtant pas celle qu'un
cerf pourrait faire entendre ; il remplit de ses plaintes
douloureuses les hauteurs qui lui étaient familières ;
fléchissant les genoux en suppliant, dans l'attitude de
la prière, il tourne de tous côtés, à défaut de bras,
sa face muette, mais ses compagnons, sans le reconnaître, excitent par leurs encouragements ordinaires
la meute déchaînée ; ils cherchent Actéon des yeux ;
comme s'il était absent, ils crient à l'envi « Actéon ! »
(celui-ci, en entendant son nom, tourne la tête), ils
se plaignent de son absence et de sa lenteur à venir
contempler la proie qui lui est offerte. Il voudrait bien
être absent ; mais il est présent ; il voudrait bien voir,
sans en être aussi victime, les sauvages exploits de ses
chiens. Ils se dressent de tous côtés autour de lui, et,
le museau plongé dans le corps de leur maître, caché
sous la forme trompeuse d'un cerf, ils le mettent en
lambeaux ; ce ne fut qu'en exhalant sa vie par mille
blessures qu'il assouvit, dit-on, la colère de Diane, la
déesse au carquois.

Les Métamorphoses, III, 139-252

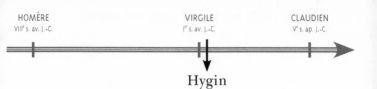

HOMÈRE
VIIIe s. av. J.-C.

VIRGILE
Ier s. av. J.-C.

CLAUDIEN
Ve s. ap. J.-C.

Hygin

Hygin dresse la liste des mortels devenus immortels, qui changent ainsi non seulement de forme mais aussi de statut. Une véritable généalogie infinie.

MÉTAMORPHOSES SANS FIN

Hercule fils de Jupiter et d'Alcmène ; Liber fils de Jupiter et de Sémélé ; Castor et Pollux frères d'Hélène, fils de Jupiter et de Léda. Persée fils de Jupiter et de Danaé, accueilli parmi les étoiles. Arcas fils de Jupiter et de Callisto, placé parmi les étoiles. Liber Pater appela Libera Ariane, la fille de Minos et de Pasiphaé. Callisto fille de Lycaon, placée dans le Septentrion. Cynosura nourrice de Jupiter, placée dans le second Septentrion. Asclépius fils d'Apollon et de Coronis. Pan fils de Mercure et de Pénélope. Crotus fils de Pan et d'Euphémé, frère de lait des Muses, devenu étoile du Sagittaire ; Icarus et Érigoné fille d'Icarus, devenus étoiles, Icarus, dans le signe du Bouvier, Érigoné dans celui de la Vierge. Ganymède fils d'Assaracus dans le Verseau aux douze astres.

Ino fille de Cadmus, devenue Leucothéa, que nous appelons Mater Matuta. Mélicerte fils d'Athamas devenu le dieu Palaemon. Myrtilus fils de Mercure et de Theobulé, devenu le Cocher.

Fables, CCXXIV, « Les mortels qui furent rendus immortels »

LES AUTEURS DU « SIGNET[1] »

Acousilaos d'Argos (VIe siècle av. J.-C.)

Historien et mytographe grec dont on sait fort peu de choses. Il est l'auteur d'un essai de généalogie intitulé *Origines*, qui va du chaos originel jusqu'à la prise de Troie, dans lequel il résume Hésiode en prose et y ajoute diverses légendes, parfois peu connues. Seule une quarantaine de fragments nous est parvenue.

Antoninus Liberalis (seconde moitié du IIe siècle/ début du IIIe siècle apr. J.-C. ?)

De l'auteur, nous ne savons presque rien : son nom laisse entendre qu'il vécut sous les Antonins ou les Sévères ; on pense qu'il était un esclave affranchi. Mythographe écrivant en grec, il nous a laissé un recueil de quarante et une fables qui nous est parvenu sous le titre de *Métamorphoses*, rassemblant notamment des versions assez rares des mythes de métamorphoses, correspondant à des œuvres que nous avons perdues et que l'auteur reprend et compile. Ce livre constitue ainsi un témoignage précieux sur la mythologie, et une étape essentielle dans la transmission des récits de métamorphoses.

Apollodore (Ier ou IIe siècle apr. J.-C.)

Le texte intitulé la *Bibliothèque* a été attribué à Apollodore d'Athènes puis à un auteur plus tardif

---

1. Certaines de ces notices sont librement inspirées du *Guide de poche des auteurs grecs et latins* ou sont issues des précédents « Signets ». Les auteurs de langue grecque sont signalés par la casse droite, les auteurs de langue latine par l'italique.

qu'on a appelé pseudo-Apollodore, et dont on ignore tout. Ce texte écrit en grec, malheureusement fragmentaire, est un précieux abrégé de la mythologie, dans lequel l'auteur est resté très fidèle aux écrivains qui l'ont précédé.

Apulée (*c.* 125-170 apr. J.-C.)

Né à Madaure, non loin de l'actuelle Constantine, Apulée fait des études d'avocat et se rend à Rome, ainsi qu'à Athènes, où non seulement il apprend le grec, mais où il se fait aussi initier à la philosophie et aux mystères. De retour dans sa province, il mène une vie publique de rhéteur et de conférencier et est choisi comme prêtre du culte impérial. Accusé de sorcellerie, il écrivit une *Apologie* pour se défendre. On lui connaît aussi des traités philosophiques, notamment un opuscule sur le démon de Socrate. Son roman *L'Âne d'or ou les Métamorphoses*, qui relate les mémoires de Lucius de Corinthe, jeune homme puni pour avoir voulu percer les secrets de la sorcellerie et métamorphosé en âne, est une œuvre satirique, morale et grivoise, qui dénonce la curiosité et interroge les frontières entre l'homme et l'animal. Génial pot-pourri de tons et de genres, *L'Âne d'or* est une ode à l'instabilité universelle.

Augustin (354-430 apr. J.-C.)

Né à Thagaste, en Numidie, d'un père païen et d'une mère chrétienne (sainte Monique), Augustin a relaté, dans ses célèbres *Confessions*, ses études, son activité de professeur de rhétorique, son adhésion à la secte manichéenne, jusqu'à sa décision de se faire baptiser à Milan en 387, notamment sous l'influence de sa rencontre avec saint Ambroise. Enfin « réconcilié » avec lui-même, il devient prêtre, puis en 396 évêque d'Hippone (ville de l'Algérie antique). Ce docteur et Père de l'Église est l'auteur de *La Cité de Dieu*, grande synthèse à la gloire d'un État chrétien, ainsi que de très nombreux traités, sermons, lettres et ouvrages de polémique contre les hérésies.

Diodore de Sicile (Ier siècle av. J.-C.)

Originaire d'Agyrium (en Sicile), Diodore voyagea beaucoup et vécut à Rome. Grand érudit, il écrivit, entre 60 et 30 av. J.-C., une *Bibliothèque historique*, ensemble de quarante livres visant à relater l'histoire universelle, mais en se centrant sur le destin de Rome, depuis les temps mythiques jusqu'à la fin de la guerre des Gaules (54 av. J.-C.). Les livres I à V et XI à XXII, ainsi que des extraits et des résumés, ont été conservés. Son œuvre est précieuse par son information, sa méthode et sa largeur de vue, qui embrasse la mythologie, le monde grec, Rome et les barbares.

Élien (*c.* 175-235 apr. J.-C.)

Claude Élien, affranchi originaire de Préneste, près de Rome, se vantait de n'être jamais sorti d'Italie, mais écrivit son œuvre en grec. Élève de sophistes et sophiste réputé lui-même, il préféra une vie retirée et tranquille au prestige d'une carrière d'orateur et à la turbulente cour impériale des Sévères. Son ouvrage le plus fameux, l'*Histoire variée*, se présente comme un recueil d'anecdotes, d'aphorismes, de notices et de faits étonnants concernant le passé classique de la Grèce et d'autres contrées. Il composa également des *Lettres* et deux traités sur la providence divine. Son ouvrage *La Personnalité des animaux*, qui mêle observations, documentation et anecdotes, est une compilation du savoir zoologique de son temps. L'œuvre d'Élien témoigne d'un goût de l'époque pour la *poikilia* (« variété ») ainsi que de l'insatiable curiosité de son auteur.

Hérodote (480-420 av. J.-C.)

Né à Halicarnasse, ville dorienne du territoire d'Ionie, en Asie Mineure, Hérodote voyagea beaucoup, d'Athènes, où il séjourna, en Égypte, à Tyr et en Scythie. Il ne vit pourtant pas toutes les contrées qui sont décrites dans ses *Histoires*, vaste « enquête » (c'est le sens de *historié* en grec), dont le premier but est de rapporter les péripéties des guerres médiques. Friand d'anecdotes, Hérodote est célèbre pour ses digressions, si bien que les *Histoires* débordent largement le projet annoncé. L'œuvre fut, à la période alexandrine, divisée en neuf livres, nommés selon les Muses. Les quatre premiers rapportent la formation de l'Empire perse et les cinq derniers les guerres médiques. « Roi des menteurs » pour certains, « père de l'histoire » pour d'autres, Hérodote nous éclaire sur les rapports entre les Grecs et les barbares et fournit nombre de renseignements ethnologiques, géographiques et anthropologiques, aussi précieux qu'amusants.

Hésiode (*c.* 700 av. J.-C.)

L'un des tout premiers poètes grecs connus, à qui l'on doit notamment la *Théogonie*, où il chante la naissance du monde et des dieux, et *Les Travaux et les Jours*, poème didactique où il s'attache aux hommes et à leur quotidien, à leur vie rythmée par les travaux des champs, en relation avec les saisons. Il y présente notamment la légende de Pandore et le mythe des cinq âges du monde, depuis l'âge d'or jusqu'à l'âge de fer, le pire de tous. Les textes d'Hésiode constituent ainsi l'une des plus belles sources de la mythologie grecque.

Homère (VIIIe siècle av. J.-C. ?)

Selon les biographies anciennes, le premier grand poète grec était originaire d'Asie Mineure. L'*Iliade* et l'*Odyssée*, épopées de 16 000 et 12 000 vers environ, sont en réalité le produit d'une longue tradition de récitation, qui a commencé à être fixée vers le VIIIe siècle av. J.-C. Les deux œuvres se réfèrent à la légendaire guerre contre Troie, riche cité de l'actuelle Turquie. Les Grecs partent en expédition pour ramener Hélène, l'épouse du roi Ménélas, enlevée par le prince troyen Pâris ; la ville tombe après dix ans de siège. L'*Iliade*, poème de la gloire guerrière, relate la colère d'Achille, qui incarne les valeurs héroïques. Récit d'aventures et conte merveilleux, l'*Odyssée* chante les errances d'Ulysse jusqu'à son retour à Ithaque.

Horace (65-8 av. J.-C.)

Originaire du sud de l'Italie, Quintus Horatius Flaccus, qui est probablement le fils d'un ancien esclave public affranchi, commence par séjourner à Rome qu'il déteste, avant de poursuivre sa formation à Athènes qui l'enchante. Après les troubles des guerres civiles, il rentre en Italie où il a été dépossédé de ses biens. Son talent le sauve : il intègre le cénacle restreint et glorieux de Mécène où il se fait remarquer du maître de Rome, Auguste. Le chantre épicurien du *carpe diem* est fameux pour ses Satires, « mélanges » enjoués et enlevés où il attaque les travers de ses contemporains avec esprit, justesse et bonhomie. Nous possédons également de lui des œuvres lyriques, les *Odes* et *Épodes*, qui explorent ses thématiques favorites comme l'amour et l'amitié, sans oublier de manifester son exigence morale et son attention au destin de la cité. Enfin, ses *Épîtres* sont conclues par la célèbre « Épître aux Pisons », où il définit un art poétique qui fut longtemps la référence des poètes et des théoriciens de la poésie comme Boileau.

Hygin (début du Ier siècle apr. J.-C. ?)

C. Iulius Hyginus, affranchi érudit d'origine alexandrine ou hispanique placé à la tête de la Bibliothèque palatine sous le règne d'Auguste, contemporain d'Ovide (dont il aurait été l'ami), passe souvent pour être l'auteur des *Fables*, compilation rappelant l'essentiel des récits et généalogies de la mythologie gréco-romaine. C'est un vade-mecum de ce qu'un Romain doit connaître des mythes grecs. Cette œuvre au style dépouillé, composée de 277 courts chapitres, parfois simples listes, est une source d'information précieuse – elle est parfois la seule à mentionner des versions de certains mythes, perdues par ailleurs.

Lucien (*c.* 120-180 apr. J.-C.)

Né à Samosate en Syrie, Lucien est l'un des plus brillants esprits de l'Antiquité tardive. Après des études d'éloquence et de philosophie, Lucien utilise ses talents de plaideur en donnant des cours et des conférences publiques en Asie Mineure, en Italie, en Grèce et en Gaule. Mais c'est en Égypte qu'il s'établit et meurt, vers 180 apr. J.-C. Son œuvre, vaste et variée (les Anciens lui prêtent plus de quatre-vingt-six ouvrages), brille par sa bonne humeur, sa vivacité et sa liberté. Homme de parole, Lucien écrivit de nombreux discours – *Dialogue des dieux, Dialogue des morts, Dialogue des courtisanes, Dialogues marins.* L'humour est omniprésent, notamment dans l'*Histoire véritable,* parodie des romans d'aventure. Iconoclaste et plein de verve, Lucien excelle à tourner en dérision la vanité, l'ignorance, les croyances et la superstition de ses contemporains.

Lucrèce (99/94-55/50 av. J.-C.)

On ignore à peu près tout de l'auteur du poème *De la nature* (*De natura rerum*). La seule indication est une lettre de Cicéron, montrant que celui-ci fut si admiratif devant l'ouvrage de Lucrèce qu'il entreprit de l'éditer. Les six chants s'inscrivent dans la doctrine du philosophe grec Épicure et en exposent les principes. Aucun préjugé ne résiste à la démonstration : le poète s'en prend successivement aux croyances, à la religion, aux peurs, aux superstitions et aux mythes amoureux. Dans une langue imagée et harmonieuse, l'ouvrage développe une physique atomiste, une théorie de la connaissance et une morale de la liberté.

Martial (38/41-104 apr. J.-C.)

Martial naquit dans la province d'Espagne sous le règne de Caligula. Il se rendit à Rome, où il fut bien accueilli par les autres Romains d'Espagne, Quintilien, Sénèque et Lucain. Mais ces relations lui portèrent préjudice lors de la conspiration de Pison, dans laquelle ses amis furent impliqués. C'est pour subvenir à ses besoins que Martial, homme de lettres peu fortuné, dépendant de ses « patrons », pratiqua le genre de l'épigramme, poésie brève et de circonstance, dans lequel il excella. Les quinze livres d'épigrammes qui composent toute son œuvre reflètent une production qui s'étala sur plus de vingt ans, raffinée, ingénieuse, riche en flagorneries certes, mais aussi en traits d'esprit et en allusions grivoises, remplie d'attaques, de suppliques, de railleries et de louanges. Martial finit par rentrer dans son pays natal, où il s'ennuya et regretta Rome.

Nonnos de Panopolis (fin du IVᵉ-milieu du Vᵉ siècle apr. J.-C.)

On sait peu de chose de ce poète grec né en Haute-Égypte, à Panopolis (aujourd'hui Akhmîm). *Les Dionysiaques* sont un recueil (probablement composé entre 450 et 470) de quarante-huit chants qui racontent les légendes associées à Dionysos. Nonnos est également l'auteur d'une paraphrase de l'Évangile de Jean, écrite en hexamètres dactyliques, dont on ignore la date de composition car on discute encore la question de savoir s'il s'est converti au christianisme ou, au contraire, d'abord chrétien, s'est tourné ensuite vers le paganisme. Pierre Chuvin le classe en tout cas dans la catégorie des derniers païens de l'Empire romain.

Ovide (43 av. J.-C.-18 apr. J.-C.)

Ovide est le plus jeune des poètes augustéens et n'a connu que la paix. C'est pourquoi il sera moins reconnaissant à Auguste de l'avoir ramenée et plus insolent envers le nouveau maître de Rome. Pour des raisons qui nous sont obscures – Auguste invoquera l'immoralité de *L'Art d'aimer*, mais ce prétexte paraît peu convaincant –, Ovide est exilé à Tomes, dans l'actuelle Roumanie, au bord de la mer Noire, où il meurt dans la désolation, abandonné de tous et de tout, sauf de ses livres. Son œuvre de virtuose, étourdissante de beauté, s'étend dans trois directions. Un premier ensemble regroupe les *Héroïdes* (les lettres d'amour écrites par les héroïnes de la mythologie à leurs amants), commencées à l'âge de 18 ans, *Les Amours*, *L'Art d'aimer* et *Les Remèdes à l'amour*. *Les Fastes*, qui relatent l'origine des fêtes du calendrier, et *Les Métamorphoses* appartiennent à une veine plus purement mythologique et savante. La troisième période s'ouvre avec l'exil où Ovide, dans les *Tristes* et les *Pontiques*, revient au vers élégiaque qui lui est cher. Commencées au tout début du Ier siècle, alors qu'Ovide est déjà un poète connu, et achevées en exil, au bord de la mer Noire, en l'an 9 ou 10, *Les Métamorphoses* rencontreront le succès dès l'Antiquité. C'est en effet un concentré de la mythologie et de l'histoire du monde, regroupant plus de 250 récits de transformations des hommes et des dieux, du chaos originel jusqu'à l'apothéose de César. Pour rédiger son poème, Ovide puise à de nombreuses sources : les auteurs ayant collectionné les légendes grecques de métamorphoses (notamment Antoninus Liberalis), qu'il reprend, réécrit, amplifie, et la théorie pythagoricienne du transformisme, alors en vogue. Écrites en hexamètres dactyliques – seule de ses œuvres où Ovide emploie ce mètre, qui est celui de l'épopée ou du *De rerum natura* de Lucrèce –, *Les Métamorphoses* mêlent l'émotion lyrique et la finesse psychologique, les détails réalistes (parfois jusqu'au macabre) et l'invention fantastique. Elles disent la violence faite aux corps et aux êtres, mais aussi l'infinie liberté de recréation et d'adaptation dont sont capables les hommes. L'importance de ce chef-d'œuvre pour la culture occidentale confirme le pressentiment du poète, qui écrivait en conclusion : « Aussi loin que la puissance romaine s'étend sur la terre domptée, les peuples me liront et, désormais fameux, pendant toute la durée des siècles, s'il y a quelque vérité dans les pressentiments des poètes, je vivrai. »

Pétrone (mort vers 66 apr. J.-C. ?)

L'homme demeure un inconnu. On l'identifie le plus souvent au Pétrone dont parle Tacite, un voluptueux insouciant et raffiné, surnommé « l'arbitre des élégances », qui sut entrer à la cour de Néron, avant d'en être évincé et d'être contraint au suicide – mais non sans avoir pris le temps de composer un récit des débauches de l'empereur, qu'il lui fit parvenir. Reste l'œuvre, insolite et éclectique, intitulée *Le Satiricon*, « histoires satiriques » ou « histoires de satyres », le premier « roman réaliste », bien différent des romans grecs contemporains centrés sur une intrigue plus idéalisée. Nous ne possédons de cette œuvre que de larges extraits, qui paraissent se situer sous le règne de Claude ou de Néron. Le cinéaste Federico Fellini commente ainsi l'adaptation qu'il en fit en 1969 : « J'avais relu Pétrone et j'avais été fort séduit par un détail que je n'avais pas su remarquer auparavant : les parties qui manquent, donc l'obscurité entre un épisode et l'autre. […] Cette histoire de fragments me fascinait […]. Des fragments épars, des lambeaux qui resurgissent de ce qui pouvait bien être tenu aussi pour un songe, en grande partie remué et oublié. Non point une époque historique, qu'il est possible de reconstituer philologiquement d'après les documents, qui est attestée de manière positive, mais une grande galaxie onirique, plongée dans l'obscurité, au milieu de l'étincellement d'éclats flottants qui sont parvenus jusqu'à nous. Je crois que j'ai été séduit par la possibilité de reconstruire ce rêve, sa transparence énigmatique, sa clarté indéchiffrable. […] Le monde antique, me disais-je, n'a jamais existé, mais, indubitablement, nous l'avons rêvé. » Et de conclure : « J'ai fait un film sur l'Antiquité qui raconte une histoire d'aujourd'hui. » (*Fellini par Fellini*, entretiens avec Giovanni Grazini, Calmann-Lévy, 1984.)

Platon (427-347 av. J.-C.)

Le célèbre philosophe grec était un citoyen athénien, issu d'une des grandes familles de la cité. Alors que sa noble origine, sa richesse et son éducation le destinaient à devenir un dirigeant politique ou un savant pédagogue (un de ces sophistes que plus tard il n'aura de cesse de dénoncer), Platon se mit en retrait de la vie publique athénienne et choisit la philosophie. La fréquentation de Socrate, dans sa jeunesse, exerça sur lui une influence déterminante, et tout au long de sa vie il continua d'entretenir le souvenir de son maître. Vers l'âge de 40 ans, il fonda à Athènes une école de philosophie, l'Académie, où les élèves (parmi lesquels Aristote) venaient suivre ses leçons aussi bien que celles de prestigieux savants invités. Son œuvre, qui compte près de trente dialogues, est d'une importance capitale non seulement pour l'histoire de la philosophie mais pour toute la culture occidentale.

Pline l'Ancien (23-79 apr. J.-C.)

Père de l'esprit encyclopédiste et surnommé à juste titre « le plus illustre apôtre de la science romaine », Pline l'Ancien sut allier le goût du savoir à celui du pouvoir. Sous le règne de l'empereur Vespasien, il exerça quatre procuratèles avant de commander, de 77 à 79, la flotte impériale de Misène. En même temps, il se consacra à des recherches tantôt érudites, tantôt généralistes, allant de l'étude des phénomènes célestes à la sculpture et à la peinture, en passant par l'agriculture et la philosophie. Sa curiosité et son insatiable désir de connaissance lui coûtèrent la vie : en 79, Pline périt dans les laves du Vésuve, dont il s'était approché pour en observer l'éruption. Il aurait écrit plus de 500 volumes, dont seuls nous sont parvenus les trente-sept livres de l'*Histoire naturelle*, achevée et publiée en 77. Son neveu et fils adoptif, Pline le Jeune, nous apprend que Pline fut en outre historien (il aurait consacré vingt livres aux guerres de Germanie et trente et un à l'histoire romaine), rhéteur et grammairien.

Virgile (70-19 av. J.-C.)

Si Homère devait avoir un double latin, ce serait Virgile, tant son œuvre a été célébrée, autant par les Anciens que par les générations suivantes. Animé d'un « souffle vraiment divin » selon Claudel, « le cygne de Mantoue » a été le poète du prince : désireux de chanter la gloire d'Auguste, il a l'idée de ne pas célébrer directement ses exploits, mais d'entreprendre une épopée propre à flatter tant le prince que l'orgueil national. Ce sera l'*Énéide*, qui relate les exploits d'Énée, chef troyen, fils de Vénus et ancêtre mythique de la famille d'Auguste et du peuple romain. Un réseau complexe d'allusions à la destinée future du peuple romain assure le lien entre le récit fabuleux des origines et l'histoire contemporaine. C'est ainsi que les Romains ont pu rivaliser avec les glorieux héros grecs. Insatisfait de son œuvre, Virgile avait demandé à Varron de la jeter dans les flammes s'il venait à mourir. Bravant la volonté du poète mort brusquement d'une insolation, Auguste en ordonna la publication. Dès lors, l'épopée nationale fut considérée comme un véritable abrégé du savoir humain et le modèle de la grande poésie, louée tant par les païens que par les chrétiens pour la plus grande gloire de Rome.

POUR ALLER PLUS LOIN

Sources [1]

ACOUSILAOS D'ARGOS
Papyrus d'Oxyrhynchos, traduction de J.-C. Carrière, dans *La Littérature gréco-romaine. Anthologie historique*, éd. J.-C. Carrière, J. Gaillard, R. Martin, O. Mortier-Waldschmidt, Nathan, 1994.

ANTONINUS LIBERALIS
Les Métamorphoses, texte établi et traduit par M. Papathomopoulos, « CUF », (1968) 2002.

APOLLODORE
Bibliothèque, traduction de J.-C. Carrière, Annales littéraires de l'université de Besançon, 1991.

APULÉE
Les Métamorphoses, t. I et III, texte établi par D. S. Robertson, traduction de P. Vallette, « CUF », (1940 et 1945) 2013 et 2002.

AUGUSTIN (SAINT)
La Cité de Dieu, texte traduit par J.-Y. Boriaud, J.-L. Dumas, L. Jerphagnon et C. Salles, édition publiée sous la direction de L. Jerphagnon, Gallimard, « Bibliothèque de la Pléiade », 2000.

---

1. L'abréviation « CUF » désigne la Collection des universités de France des Belles Lettres.

DIODORE DE SICILE
Mythologie des Grecs (*Bibliothèque historique*, livre IV), texte traduit par A. Bianquis, Les Belles Lettres, « La Roue à Livres », (1997) 2004.

ÉLIEN
La Personnalité des animaux, t. II, texte établi et traduit par A. Zucker, Les Belles Lettres, « La Roue à Livres », 2002.

HÉRODOTE
Histoires, t. IX, livre IV, texte établi et traduit par Ph.-E. Legrand, « CUF », (1945) 2003.

HÉSIODE
Théogonie et *Les Travaux et les Jours*, texte établi et traduit par P. Mazon, « CUF », (1928) 2014.

HOMÈRE
Odyssée, t. I, II et III, texte établi et traduit par V. Bérard, « CUF », (1924) 2002.

HORACE
Odes et épodes, texte établi et traduit par Fr. Villeneuve, revu et corrigé par J. Hellegouarc'h, « CUF », (1929) 2002.

HYGIN
Fables, texte établi et traduit par J.-Y. Boriaud, « CUF », 2012.

LUCIEN
Dialogues marins, traduction d'E. Talbot (1857) revue.
–, *Histoire véritable*, dans *Voyages extraordinaires*, texte traduit et annoté par A.-M. Ozanam, Les Belles Lettres, « Classiques en poche », 2009.

LUCRÈCE

De la nature, t. I et II, « CUF », (1920-1921) 2002 et 2010.

MARTIAL

Épigrammes, t. II, 2ᵉ partie, texte établi et traduit par H. J. Izaac, « CUF », (1934) 2002.

NONNOS DE PANOPOLIS

Les Dionysiaques, t. I, texte établi et traduit par F. Vian, « CUF », (1976) 2003 ; t. III, texte établi et traduit par P. Chuvin, sous la direction de F. Vian, « CUF », 1992.

OVIDE

Les Fastes, traduction d'H. Le Bonniec, Les Belles Lettres, « La Roue à Livres », Paris, 1990.

–, *Les Métamorphoses,* t. I, II et III, texte établi et traduit par G. Lafaye (1928-1930), revu et corrigé par H. Le Bonniec, « CUF », (1995) 2008.

PÉTRONE

Le Satiricon, texte établi et traduit par A. Ernout, « CUF », (1923) 1990.

PLATON

Le Banquet, dans *Œuvres complètes,* t. IV, 2ᵉ partie, texte établi et traduit par P. Vicaire, avec le concours de J. Laborderie, « CUF », (1989) 2002.

–, *Phédon,* dans *Œuvres complètes,* t. IV, 1ʳᵉ partie, texte établi et traduit par P. Vicaire, « CUF », (1983) 2002.

–, *Phèdre,* dans *Œuvres complètes,* t. IV, 3ᵉ partie, texte établi par C. Moreschini et traduit par P. Vicaire, « CUF », (1985) 2002.

Pline l'Ancien
Histoire naturelle, livre VIII (« Des animaux terrestres »), traduction d'A. Ernout, « CUF », (1952) 2003.

Virgile
Énéide, t. II et III, texte établi et traduit par J. Perret, « CUF », (1978) 2012 et (1980) 2008.

SUGGESTIONS BIBLIOGRAPHIQUES

BESNIER, Jean-Michel, *Demain les posthumains. Le futur a-t-il encore besoin de nous ?*, Hachette, 2009 ; réédition Fayard ; « Pluriel », 2012.

Bisexualité et différence des sexes, sous la direction de J.-B. Pontalis, *Nouvelle Revue de Psychanalyse*, n° 7, Gallimard, 1973 ; nouvelle édition « Folio essais », 2000.

« Bodybuilding. L'évolution des corps », *Critique*, n° 764-765, sous la direction de Thierry Hoquet, 2011.

DETIENNE, Marcel, *Les Jardins d'Adonis. La mythologie des parfums et des aromates en Grèce*, suivi d'une interprétation de Jean-Pierre Vernant et d'une lecture de Claude Lévi-Strauss, Gallimard, 1972 ; nouvelle édition « Folio histoire », 2007.

–, *L'Invention de la mythologie*, Gallimard, 1981 ; réédition « Tel », 1992.

Dictionnaire critique de mythologie, éd. J.-L. Le Quellec et B. Sergent, CNRS Éditions, 2017.

FREUD, *Pour introduire le narcissisme* [*Zur Einführung des Narzissmus*, 1914], suivi d'autres essais, Payot, « Petite bibliothèque », 2012.

FRONTISI-DUCROUX, Françoise, *Du masque au visage. Aspect de l'identité en Grèce ancienne*, Flammarion, 1993 ; réédition « Champs », 2012.

–, *L'Homme-cerf et la femme-araignée*, Gallimard, 2003.

–, *Ouvrages de dames. Ariane, Hélène, Pénélope…*, Seuil, 2009.

–, *Arbres filles et garçons fleurs. Métamorphoses érotiques dans les mythes grecs*, Seuil, 2017.

FUKUYAMA, Francis, *La Fin de l'homme. Les conséquences de la révolution biotechnique* [*Our Posthuman Future : Consequences of the Biotechnology Revolution*, 2002], La Table Ronde, 2002 ; réédition Gallimard, « Folio actuel », 2004.

KLOSSOWSKI, Pierre, *Le Bain de Diane*, Jean-Jacques Pauvert, 1956 ; Gallimard, 1980.

LAQUEUR, Thomas, *La Fabrique du sexe. Essai sur le corps et le genre en Occident* [*Making Sex : Body and Gender from the Greeks to Freud*, 1990], Gallimard, 1992 ; réédition « Folio essais », 2013.

LAVELLE, Louis, *L'Erreur de Narcisse*, Bernard Grasset, 1939 ; nouvelle édition précédée d'une préface de Jean-Louis Vieillard-Baron, La Table Ronde, 2003.

LECOURT, Dominique, *Humain, post-humain*, PUF, 2003.

Lectures d'Ovide, publiées à la mémoire de Jean-Pierre Néraudau, sous la direction d'Emmanuel Bury, Les Belles Lettres, 2003.

« Mutants », *Critique*, n° 709-710, sous la direction de Thierry Hoquet, 2006.

VERNANT, Jean-Pierre, *Les Origines de la pensée grecque*, PUF, 1962 ; nouvelle édition précédée d'une préface de l'auteur, PUF, 1990.

–, *Mythe et pensée chez les Grecs. Etudes de psychologie historique*, François Maspero, 1965 ; nouvelle édition revue et augmentée, La Découverte, 1985.

–, *L'Individu, la mort, l'amour. Soi-même et l'autre en Grèce ancienne*, Gallimard, 1989 ; réédition « Folio histoire », 1996.

VEYNE, Paul, *Les Grecs ont-ils cru à leurs mythes ? Essai sur l'imagination constituante*, Seuil, 1983 ; réédition « Points », 1992.

VIAL, Hélène, *La Métamorphose dans « Les Métamorphoses » d'Ovide. Étude sur l'art de la variation*, Les Belles Lettres, 2010.

INDEX DES AUTEURS ET DES ŒUVRES

TABLE DES MATIÈRES

Ce volume,
le vingt-neuvième
de la collection « Signets »,
publié aux Éditions Les Belles Lettres,
a été achevé d'imprimer
en février 2018
par La Manufacture imprimeur
52200 Langres, France

N° d'éditeur : 8840
N° d'imprimeur : 180155
Dépôt légal : mars 2018
Imprimé en France